基础篇

Elementary Level

# 汉语十日通

## Chinese in 10 Days

别红樱　主编

听说

Listening & Speaking

商务印书馆
创于1897　The Commercial Press

主　　编　别红樱

副 主 编　李耘达

编　　者　李丹芸　冷美雨

英文翻译　李耘达　冷美雨

# 前　言

　　《汉语十日通·听说》是在"三位一体"教学模式下为零起点汉语学习者编写的一套听说技能教材。"三位一体"教学模式指的是，听说课、读写课均围绕综合课的教学内容来展开，进一步拓展技能训练的强度和层次。本教材即是《汉语十日通》综合教材的配套听说教材。

　　编写本套教材的指导思想是：夯实词汇、语法知识应用，围绕重点词汇、句型、话题和交际场景，进行大量的句式操练、听力理解、成段表达等听说技能训练，完成交际任务。综合课的教学内容为技能训练提供了主题、基本词汇和语法的基本用法，听说课在此基础上适当扩展了话题范围，补充了实用的词语，使语法意义在更广阔的环境中得到应用。所采用的方法包括听说法的快速问答、全身反应法、交际法、任务法等，充分体现听说教学的课程特点。

　　全书共四册，分为入门篇、基础篇、提高篇、冲刺篇。每册 10 课，每课均对应综合教材的 1 课，教学时长为 2 课时，全四册共需 80 课时。教师也可根据本单位实际情况灵活安排，并适当增减。

　　四册教材在编写体例上大体相同，同时根据学生语言水平的变化，在材料文体、题型等细节方面有所调整。基础篇主要包括以下几个模块：

　　**生词表**　　在综合教材的基础上，补充了与话题相关的常用词语，注明其在《国际中文教育中文水平等级标准》中所属等级（1 ～ 6 分别对应一至六级；7 表示高等，对应七至九级；* 表示超纲词），标注该词语在本课中的义项对应的词性。生词表创新点在于表中不提供英文释义，学生在预习过程中自行查阅，并在之后的教学活动中进一步掌握生词意思和用法。在随书下载的每册词汇电子版总表中提供了英文释义，供学生和任课教师参考。

　　**重点句式**　　针对综合教材中的语法点和对话中的重点句式进行形式多样的、大量的口耳操练，熟能生巧，学以致用。基础篇除了替换练习之外，增加了快速问答、看图写话、完成句子、改写句子、完成会话等生成性和交际性练习，体现听说技能训练的特点。

**听对话**　　为加强听力技能训练，本教材编写了与综合教材话题相对应的长对话，由于以听力技能训练为主，对话普遍长于综合教材中的对话，话轮多，信息量大，有利于练习通过场景和上下文语境理解对话内容。对话充分复现学生应知应会的词汇、语法要素，加入了口语语体元素，为学习者提供多样的可懂性听力输入材料。对话配有听后选择正确答案、听后判断正误、听后填空、听后复述等多种形式的练习，既有对主要内容的概括性练习，又有培养学生抓取关键信息的微技能训练。

**听短文**　　依据主要词汇、语法点及话题，生成有一定难度的综合性语段。在泛听、精听的基础上，学生可完成成段表达练习，以听促说，提升听说结合的效果。

**课堂活动**　　活动形式有两类，一类是看图说话训练，通过图片展示直观、真实的场景，学习者通过对图片的观察和对隐藏在图片背后信息的想象，进行合理、清晰、得体的表达。第二类是任务型活动，包括角色扮演、小采访和语言调查等。学习者在真实的语境中，融会词汇、语法和交际框架，进行话题表达，实现口语表达能力的全面提升。

以《汉语十日通》综合教材为核心、以《汉语十日通·听说》和《汉语十日通·读写》为两翼的"三位一体"系列教材，内部是互相支撑、互相促动的关系，既相互配合，又独立灵活。此外，十日通系列教材还配有综合课练习册和习字本。教师或教学单位可根据教学目标和教学需求，灵活组合使用。

# Preface

*Chinese in 10 Days · Listening & Speaking* is a series of textbooks developed for beginning learners of Chinese as a second language under the "Three in One" teaching mode for the purpose of training their Chinese listening and speaking skills. The "Three in One" mode refers to the further extensive and intensive training in Chinese listening & speaking, reading & writing skills centered on the comprehensive course. This textbook of listening & speaking works with the comprehensive course of *Chinese in 10 Days*.

The guiding philosophy of compiling this series of teaching materials is to enhance the application of vocabulary and grammar, and focus on the training in listening and speaking skills for the purpose of communication by practicing extensively in sentence types, listening comprehension and paragraph speaking around key vocabulary, sentence patterns, topics, and communicative scenes. What has been taught in the comprehensive course provides topics, basic vocabulary, and basic usage of grammar for training in the four skills. The listening & speaking course further extends the scope of topics, and supplements with practical words and expressions, so that learners could apply the grammatical meanings in a broader context. The teaching methods adopted in this book, quick ask-and-answer, TPR method, communicative method, task-based method, etc., fully reflect the characteristics of the curriculum of the listening and speaking course.

The current series consists of four volumes: the beginning level, the elementary level, the intermediate level, and the advanced level. Each volume includes 10 lessons and each lesson corresponds to 1 lesson of the comprehensive course. Each lesson takes 2 class-hours to complete, and it totals 80 class-hours for all 4 volumes. Teachers may also decide what to teach from the textbooks, and/or adjust the length of class hours based on specific needs.

The compilation of the four volumes basically follows the same principles, while detailed adjustments in material genres and question types have also been made in accordance with students' language development. Volume 2 (the elementary level) mainly consists of the following modules:

**Vocabulary**    On the basis of the comprehensive course textbook, the vocabulary is supplemented with common topic-related words. The level of each word as specified in the *Chinese Proficiency Grading Standards for International Chinese Language Education* (1~6 for the first 6 levels, 7 refers to the advanced levels 7~9, and * indicates words not in the syllabus) and its part of speech in specific lessons are indicated. The innovation of the vocabulary is that there are no English translation of the new words, and students need to look them up in the dictionary during preview, and further familiarize themselves with their meaning and usage in subsequent teaching and learning activities. However, for the reference of students and teachers, English translation is available for new words included in the downloadable electronic version of the vocabulary for each of the four volumes.

**Key sentence types**    Practice makes perfect and learning is for using. It is for this purpose that extensive oral and aural practice of various kinds shall be carried out in line with the grammar points and key sentence types appearing in the comprehensive course textbook and dialogues therein. Substitution is the main method of practicing key sentence types and it is highly operable. In addition to substitution exercises, volume 2 has added generative and communicative exercises such as quick Q & A, writing according to the pictures, sentence completion, sentence rewriting, and dialogue completion, reflecting the characteristics of training in listening and speaking skills.

**Listening to dialogues**    This textbook includes long dialogues corresponding to the topics of the comprehensive course textbook for extensive training in listening skills. As the focus is on listening skills training, the dialogues are generally longer than those in the comprehensive course textbook, consisting of many turn-takings loaded with information, which helps with the comprehension of the dialogue through scenes and contexts. The dialogues fully represent the vocabulary and grammar that students should master, in addition to their oral language elements, so as to provide learners with a variety of understandable inputs for listening. The dialogues are followed with various forms of exercises, such as multiple choices, true or false questions, filling in the blanks, and repeating what has been heard. The exercises include not only those for summarizing the main content of the speech, but also the ones that train students in the micro-skill of extracting information from the speech.

**Listening to short passages**    Drawing upon the main vocabulary, grammar points and topics, comprehensive passages of a certain difficulty level are generated. On the basis of extensive listening and intensive listening, students may practice speaking Chinese up to the length of a paragraph, which aims to help improve speaking via listening and achieve better results by combing the two.

**Classroom activities**    There are two types of classroom activities, one is picture description training, which shows visualized and actual scenes. Learners shall observe the pictures and perceive what is behind them before making reasonable, articulate and appropriate expressions. The second type is task-based activities, including role-playing, small interviews and language surveys, etc.. Learners, in the real context, shall talk about topics by putting together vocabulary, grammar and communication framework, in order to improve their ability of oral expression.

With *Chinese in 10 Days* as the trunk and *Chinese in 10 Days · Listening & Speaking* and *Chinese in 10 Days · Reading & Writing* as its two wings, the "Three in One" textbooks complement and facilitate each other internally. They could be used together or separately. In addition, this series of textbooks is completed with student books and exercise books for practicing writing Chinese characters. Teachers or schools may choose teaching materials from the series according to their specific teaching objectives and needs.

# 目 录 Contents

听力原文
参考答案
生词总表

# Dì-shíyī kè　Lái liǎng wǎn mǐfàn ba
# 第 11 课　来 两　碗 米饭 吧

## 一、生词 New words

| 序号 | 词语 | 拼音 | 词性 | 意思 |
|---|---|---|---|---|
| 1 | 来¹ | lái | 动 | |
| 2 | 记者³ | jìzhě | 名 | |
| 3 | 电脑¹ | diànnǎo | 名 | |
| 4 | 自行车² | zìxíngchē | 名 | |
| 5 | 铅笔⁶ | qiānbǐ | 名 | |
| 6 | 日记⁴ | rìjì | 名 | |
| 7 | 开¹ | kāi | 动 | |
| 8 | 空调³ | kōngtiáo | 名 | |
| 9 | 办公室² | bàngōngshì | 名 | |
| 10 | 照相机* | zhàoxiàngjī | 名 | |
| 11 | 猫² | māo | 名 | |
| 12 | 京剧³ | jīngjù | 名 | |
| 13 | 取² | qǔ | 动 | |
| 14 | 老板³ | lǎobǎn | 名 | |
| 15 | 商场¹ | shāngchǎng | 名 | |
| 16 | 西蓝花* | xīlánhuā | 名 | |
| 17 | 汤³ | tāng | 名 | |
| 18 | 便宜² | piányi | 形 | |
| 19 | 而且² | érqiě | 连 | |
| 20 | 点¹（菜） | diǎn（cài） | 动 | |
| 21 | 饱² | bǎo | 形 | |

## 二、重点句式操练 Pattern drills

### （一）替换练习 Substitution drills

Nǐ bàba shì bu shì yīshēng?
1. A: 你爸爸 是 不 是 医生？
   Tā shì yīshēng. / Tā bú shì yīshēng.
   B: 他是 医生。/ 他 不 是 医生。

| | |
|---|---|
| bàba 爸爸 | gōngsī zhíyuán 公司 职员 |
| āyí 阿姨 | hùshi 护士 |
| shūshu 叔叔 | sījī 司机 |
| māma 妈妈 | jiàoshī 教师 |
| zhàngfu 丈夫 | lǜshī 律师 |
| àiren 爱人 | jìzhě 记者 |

Nǐ yǒu méiyǒu jiějie?
2. A: 你 有 没 有 姐姐？
   Wǒ yǒu jiějie. / Wǒ méiyǒu jiějie.
   B: 我 有 姐姐。/ 我 没有 姐姐。

| | | | |
|---|---|---|---|
| gēge 哥哥 | mèimei 妹妹 | cídiǎn 词典 | diànnǎo 电脑 |
| zìxíngchē 自行车 | qiānbǐ 铅笔 | | |

Nǐ hē bu hē píjiǔ?
3. A: 你 喝 不 喝 啤酒？
   Wǒ hē píjiǔ. / Wǒ bù hē píjiǔ.
   B: 我 喝 啤酒。/ 我 不 喝 啤酒。

| | |
|---|---|
| mǎi píngguǒ 买 苹果 | chī kǎoyā 吃 烤鸭 |
| qù túshūguǎn 去 图书馆 | xiě rìjì 写 日记 |
| tīng yīnyuè 听 音乐 | hē kāfēi 喝 咖啡 |
| kāi kōngtiáo 开 空调 | |

Nǐ lèi bu lèi?
4. A: 你 累 不 累？
   Wǒ hěn lèi. / Wǒ bú lèi.
   B: 我 很 累。/ 我 不 累。

| | |
|---|---|
| píngguǒ 苹果 | tián 甜 |
| jiǎozi 饺子 | hǎochī 好吃 |
| wǒmen de xuéxiào 我们 的 学校 | piàoliang 漂亮 |
| lǎoshī de bàngōngshì 老师 的 办公室 | dà 大 |
| zhàoxiàngjī 照相机 | guì 贵 |
| Měizǐ de nánpéngyou 美子 的 男朋友 | shuài 帅 |
| zhè zhī māo 这 只 猫 | kě'ài 可爱 |

5. A：Wǒmen qù chī wǔfàn ba.
　　我们 去吃 午饭 吧。
　　B：Hǎo. / Hǎo de. / Hǎo ā.
　　好 / 好的 / 好啊。

| qù mǎi shuǐguǒ | qù kàn jīngjù |
| --- | --- |
| 去 买 水果 | 去 看 京剧 |
| huí sùshè xiūxi | qù jiàoshì xuéxí |
| 回 宿舍 休息 | 去 教室 学习 |
| hē diǎnr píjiǔ | qù yínháng qǔ qián |
| 喝 点儿 啤酒 | 去 银行 取 钱 |
| qù fànguǎn chī fàn | |
| 去 饭馆 吃 饭 | |

6. A：Nín chī diǎnr shénme zhǔshí?
　　您 吃 点儿 什么 主食?
　　B：Lái liǎng wǎn mǐfàn ba.
　　来 两 碗 米饭 吧。

| | liǎng bēi kāfēi |
| --- | --- |
| hē yǐnliào | 两 杯 咖啡 |
| 喝 饮料 | yì hú lǜchá |
| | 一 壶 绿茶 |
| | liǎng bēi guǒzhī |
| | 两 杯 果汁 |
| | yì jīn jiǎozi |
| | 一 斤 饺子 |
| chī zhǔshí | sān gè miànbāo |
| 吃 主食 | 三 个 面包 |
| | sì wǎn miàntiáo |
| | 四 碗 面条 |

## （二）将下面的句子改为正反疑问句，并分别给出肯定和否定两种回答

## Change the following sentences into affirmative-negative questions and give positive and negative answers

Nǐ shì liúxuéshēng ma?　　　Nǐ shì bu shì liúxuéshēng?
例：你 是 留学生 吗? ——你 是 不 是 留学生?
　　　　　　　　　　　Wǒ shì liúxuéshēng.
　　　　　　　　　　　我 是 留学生。（肯定）
　　　　　　　　　　　Wǒ bú shì liúxuéshēng.
　　　　　　　　　　　我 不 是 留学生。（否定）

Tā shì lǎobǎn ma?
1. 他 是 老板 吗? ——

Nǐ jiā fùjìn yǒu shāngchǎng ma?
2. 你 家 附近 有 商场 吗? ——

Jīntiān wǎnshang nǐmen xiě zuòyè ma?
3. 今天 晚上 你们 写 作业 吗? ——

Nǐ de fángjiān gānjìng ma?
4. 你 的 房间 干净 吗? ——

Nǐ xǐhuan chī niúròu ma?
5. 你 喜欢 吃 牛肉 吗? ——

### 三、听对话 Listen to the dialogue

#### （一）听后选择正确答案 Choose the right answer after listening

1. A. shítáng 食堂　　　B. fànguǎn 饭馆　　　C. sùshè 宿舍　　　D. cāntīng 餐厅

2. A. jiǎozi 饺子　　　B. jīdàntāng 鸡蛋汤　　　C. niúròu 牛肉　　　D. xīlánhuā 西蓝花

3. A. chá 茶　　　B. yǐnliào 饮料　　　C. jīdàntāng 鸡蛋汤　　　D. guǒzhī 果汁

4. A. 18.5 yuán 元　　　B. 15.8 yuán 元　　　C. 10.8 yuán 元　　　D. 5.8 yuán 元

5. A. rén bù duō 人不多　　　B. fàncài hěn guì 饭菜很贵
   C. méiyǒu jiǎozi 没有饺子　　　D. yǒu jīdàntāng 有鸡蛋汤

#### （二）听后判断正误 Judge true or false after listening

1. Shítáng yǒu xīlánhuā niúròu, mápó dòufu hé jīdàntāng.
   食堂有西蓝花牛肉、麻婆豆腐和鸡蛋汤。　　　（　　　）

2. Měilì chī mǐfàn, bù chī jiǎozi.
   美丽吃米饭，不吃饺子。　　　（　　　）

3. Níkě bù xǐhuan chī niúròu.
   尼可不喜欢吃牛肉。　　　（　　　）

4. Níkě yě hē jīdàntāng.
   尼可也喝鸡蛋汤。　　　（　　　）

5. Shítáng de fàncài búcuò.
   食堂的饭菜不错。　　　（　　　）

### 四、听短文 Listen to the passage

#### （一）听后选择正确答案 Choose the right answer after listening

1. A. Ānnà 安娜　　　B. Mǎlì 玛丽　　　C. Dīng Lán 丁兰　　　D. wǒ 我

2. A. shítáng 食堂　　　B. sùshè 宿舍　　　C. fànguǎn 饭馆　　　D. Dīng Lán jiā 丁兰家

3. A. píjiǔ 啤酒　　　B. chá 茶　　　C. mǐfàn 米饭　　　D. niúròu 牛肉

## （二）听后根据所给关键词复述课文 Retell the text with the key words after listening

Jīntiān shì……,　　zhōngwǔ……　qǐng……,　　yígòng……　kuài.　Wǒmen dōu bù….
今天 是……，中午……请……，一共……块。我们 都 不……。

……ròu hěn hǎochī,　　……hé……　yě búcuò,　wǒmen dōu hěn xǐhuan.
……肉 很 好吃，……和……也 不错，我们 都 很 喜欢。

Jīntiān wǒmen chī de……,　　wánr　de yě….
今天 我们 吃 得……，玩儿 得 也……。

### 五、课堂活动 Activities

## （一）看图说话 Talk about the picture

Zài fànguǎn chī fàn
题目：在 饭馆 吃 饭 Title：In the restaurant

## （二）角色扮演：点菜与结账 Role play: Order and checkout

两人一组，一人扮演服务员，一人扮演顾客，练习点菜和结账 In pairs, one plays the waiter/waitress, the other plays the customer. Practice the dialogue of ordering and checking out in a restaurant

## Dì-shí'èr kè　　Wǒ yào huàn rénmínbì
# 第 12 课　　我 要 换 人民币

**一、生词** New words

| 序号 | 词语 | 拼音 | 词性 | 意思 |
|---|---|---|---|---|
| 1 | 放假[1] | fàngjià | 动 | |
| 2 | 旅游[2] | lǚyóu | 动 | |
| 3 | 狗[2] | gǒu | 名 | |
| 4 | 在家[1] | zàijiā | 动 | |
| 5 | 现金[3] | xiànjīn | 名 | |
| 6 | 信用卡[2] | xìnyòngkǎ | 名 | |
| 7 | 微信[4] | wēixìn | 名 | |
| 8 | 支付宝* | Zhīfùbǎo | 名 | |
| 9 | 冬天[2] | dōngtiān | 名 | |
| 10 | 冷[1] | lěng | 形 | |
| 11 | 家[1] | jiā | 量 | |
| 12 | 表演[3] | biǎoyǎn | 动 / 名 | |
| 13 | 精彩[3] | jīngcǎi | 形 | |
| 14 | 价格[3] | jiàgé | 名 | |
| 15 | 安静[2] | ānjìng | 形 | |
| 16 | 骑[2] | qí | 动 | |
| 17 | 离[2] | lí | 介 | |
| 18 | 近[2] | jìn | 形 | |
| 19 | 逛[4] | guàng | 动 | |
| 20 | 可是[2] | kěshì | 连 | |

## 二、重点句式操练　Pattern drills

### （一）替换练习　Substitution drills

Wǒ hěn lèi,　wǒ xiǎng/yào shuìjiào.
1. 我很累，我想/要睡觉。

| xiàkè le | qù shāngdiàn mǎi dōngxi |
|---|---|
| 下课了 | 去商店买东西 |
| tài lèi le | huí sùshè shuìjiào |
| 太累了 | 回宿舍睡觉 |
| míngtiān kǎoshì | qù túshūguǎn fùxí |
| 明天考试 | 去图书馆复习 |
| kě sǐle | hē lǜchá |
| 渴死了 | 喝绿茶 |
| fàngjià le | qù lǚyóu |
| 放假了 | 去旅游 |

Nǐ xǐhuan chī bāozi háishi jiǎozi?
2. A：你喜欢吃包子还是饺子？
Wǒ xǐhuan chī bāozi.
　B：我喜欢吃包子。

| hē kāfēi | chá |
|---|---|
| 喝咖啡 | 茶 |
| chī pútao | píngguǒ |
| 吃葡萄 | 苹果 |
| xǐhuan gǒu | māo |
| 喜欢狗 | 猫 |
| chūqù wánr | zàijiā xiūxi |
| 出去玩儿 | 在家休息 |
| qù shítáng chī fàn | zìjǐ zuò |
| 去食堂吃饭 | 自己做 |
| yòng xiànjīn | xìnyòngkǎ |
| 用现金 | 信用卡 |
| yòng wēixìn | Zhīfùbǎo |
| 用微信 | 支付宝 |

Yínháng li rén zhēn duō.
3. A：银行里人真多。
Kěbúshì.
　B：可不是。

| zhèr de dōngxi | piányi |
|---|---|
| 这儿的东西 | 便宜 |
| zhè zhī xiǎogǒu | kě'ài |
| 这只小狗 | 可爱 |
| Běijīng de dōngtiān | lěng |
| 北京的冬天 | 冷 |
| zhè jiā fànguǎn de niúròu | hǎochī |
| 这家饭馆的牛肉 | 好吃 |
| zuótiān wǎnshang de biǎoyǎn | jīngcǎi |
| 昨天晚上的表演 | 精彩 |

Qǔ qián yòng zìdòng qǔkuǎnjī jiù xíng le, búyòng páiduì.

4. 取钱 用 自动取款机 就 行 了，不用 排队。

| qù xuéxiào fùjìn de fànguǎn | chī fàn de rén shǎo |
|---|---|
| 去学校附近的饭馆 | 吃饭的人少 |
| mǎi dōngxi qù chāoshì | jiàgé bǐjiào piányi |
| 买东西去超市 | 价格比较便宜 |
| kànshū qù túshūguǎn | fēicháng ānjìng |
| 看书去图书馆 | 非常安静 |
| qù Běijīng Dàxué qí zìxíngchē | lí zhèr hěn jìn |
| 去北京大学骑自行车 | 离这儿很近 |

## （二）看图，用"……还是……"完成对话 Complete the dialogues with "… 还是 …" according to the pictures

1. A: _____ ?

　 Wǒ zuò zuòyè.
　 B: 我 做 作业。

kàn diànshì
看 电视

zuò zuòyè
做 作业

2. A: _____ ?

　 Wǒ huàn měiyuán.
　 B: 我 换 美元。

ōuyuán
欧元

měiyuán
美元

3. A: _____ ?

B: 我 喝 咖啡。
Wǒ hē kāfēi.

kāfēi
咖啡

chá
茶

4. A: _____ ?

B: 我 想 吃 饺子。
Wǒ xiǎng chī jiǎozi.

bāozi
包子

jiǎozi
饺子

5. A: _____ ?

B: 我们 买 橘子 吧。
Wǒmen mǎi júzi ba.

píngguǒ
苹果

júzi
橘子

三、听对话 **Listen to the dialogue**

## （一）听后选择正确答案 Choose the right answer after listening

1. A. shítáng 食堂　　　B. yínháng 银行　　　C. túshūguǎn 图书馆　　　D. sùshè 宿舍

2. A. búyòng páiduì 不用 排队　　　B. míngtiān kǎoshì 明天 考试
   C. kěyǐ huàn qián 可以 换 钱　　　D. yínháng méi rén 银行 没人

3. A. chūqù wánr 出去 玩儿　　　B. qù qǔ qián 去 取钱　　　C. yǒu kǎoshì 有考试　　　D. qù xuéxí 去 学习

4. A. yínháng rén hěn duō 银行 人 很 多　　　B. míngtiān yǒu kǎoshì 明天 有 考试
   C. jīntiān yǒu zuòyè 今天 有 作业　　　D. xiǎng qù shuìjiào 想 去 睡觉

5. A. Xiǎng qù shāngchǎng, yě xiǎng qù kāfēiguǎn. 想 去 商场，也 想 去 咖啡馆。
   B. Gàosu Zhēnyī míngtiān yǒu kǎoshì. 告诉 真一 明 天 有 考试。
   C. Xiǎng zài jiàoshì xuéxí. 想 在 教室 学习。
   D. Xiǎng huí sùshè shuìjiào. 想 回 宿舍 睡觉。

## （二）听第二遍，填空 Listen again and fill in the blanks

1. Zhēnyī xiàkè yǐhòu 真一 下课 以后＿＿＿＿＿＿＿＿＿＿＿＿＿。

2. Ānnà xiǎng gēn péngyou 安娜 想 跟 朋友＿＿＿＿＿＿＿＿＿＿＿＿＿。

3. Míngtiān 明 天＿＿＿＿＿＿＿＿＿，Ānnà méiyǒu fùxí. 安娜 没有 复习。

4. Ānnà bù chūqù wánr le, tā xiǎng 安娜 不 出去 玩儿 了，她 想＿＿＿＿＿＿＿＿＿＿＿＿＿。

## 四、听短文　Listen to the passage

## （一）听后选择正确答案　Choose the right answer after listening

1. A. chī fàn 吃饭　　B. cún qián 存钱　　C. qǔ qián 取钱　　D. huàn qián 换钱

2. A. méi qián le 没钱了　　B. yào kǎoshì 要考试　　C. yào páiduì 要排队　　D. shì zhōumò 是周末

3. A. Xīngqīliù 星期六　　B. zhōumò 周末　　C. jīntiān 今天　　D. xià zhōu 下周

4. A. èr bǎi yuán 二百元　　B. liù bǎi yuán 六百元　　C. wǔ bǎi yuán 五百元　　D. bù zhīdào 不知道

## （二）听后根据所给关键词复述课文　Retell the text with the key words after listening

Jīn Héyǒng……le, tā xiǎng qù……。Kěshì jīntiān shì……, yínháng li gùkè……。
金和永……了，他想去……。可是今天是……，银行里顾客……。

Yǒude rén……, yǒude rén……, hái yǒude rén……。Jīn Héyǒng bù xiǎng……, tā
有的人……，有的人……，还有的人……。金和永不想……，他

yào……, zuò zuòyè, hái yào yùxí……。Xià xīngqī……, tā yào……。……gàosu
要……、做作业，还要预习……。下星期……，他要……。……告诉

tā, ……yòng zìdòng qǔkuǎnjī jiù xíng le, búyòng……。Jīn Héyǒng hěn gāoxìng, tā
他，……用自动取款机就行了，不用……。金和永很高兴，他

qǔle……qián。
取了……钱。

## 五、课堂活动　Activities

## （一）角色扮演：换钱　Role play: Exchange money

两人一组，看银行的汇率表，一人扮演顾客，另一位扮演银行的营业员，练习换钱 In pairs, one plays the customer and the other plays the clerk in the bank. Practice the dialogue about exchanging money based on the following table of exchange rates

| 货币名称 | 交易单位 | 现汇买入价 | 现钞买入价 | 现汇卖出价 | 现钞卖出价 |
|---|---|---|---|---|---|
| USD (美元) | 100 | 642.4904 | 637.0848 | 645.0644 | 645.0644 |
| GBP (英镑) | 100 | 837.1811 | 810.2837 | 843.9055 | 843.9055 |
| JPY (日元) | 100 | 4.9992 | 4.8386 | 5.0394 | 5.0394 |
| EUR (欧元) | 100 | 695.2597 | 672.9220 | 700.8441 | 700.8441 |
| AUD (澳大利亚元) | 100 | 477.0240 | 461.6980 | 480.8556 | 480.8556 |
| CAD (加拿大元) | 100 | 513.6670 | 497.1636 | 517.7928 | 517.7928 |
| CHF (瑞士法郎) | 100 | 674.4101 | 652.7423 | 679.8271 | 679.8271 |
| HKD (港币) | 100 | 81.8719 | 81.2156 | 82.2001 | 82.2001 |
| KRW (韩元) | 100 | 0.5180 | 0.5014 | 0.5222 | 0.5222 |
| THB (泰铢) | 100 | 18.9404 | 18.3319 | 19.0926 | 19.0926 |
| MOP (澳门元) | 100 | 79.3664 | 78.7302 | 79.6846 | 79.6846 |
| NZD (新西兰元) | 100 | 435.3305 | 421.3440 | 438.8271 | 438.8271 |
| SGD (新加坡元) | 100 | 470.1257 | 455.0213 | 473.9019 | 473.9019 |
| SEK (瑞典克郎) | 100 | 67.8982 | 65.7167 | 68.4436 | 68.4436 |
| DKK (丹麦克郎) | 100 | 93.4501 | 90.4477 | 94.2007 | 94.2007 |
| NOK (挪威克郎) | 100 | 72.8070 | 70.4678 | 73.3918 | 73.3918 |

## （二）小调查：您去银行做什么 Small survey: What do you do in a bank

在银行门口采访3—4位中国人下面的问题 Interview 3-4 Chinese people in front of a bank by asking the questions below

Nín qù yínháng zuò shénme?　Cún qián、qǔ qián háishi huàn qián?
（1）您去银行做什么？存钱、取钱还是换钱？

Qù guìtái 　　　　　　　　 háishi yòng zìdòng qǔkuǎnjī?
（2）去柜台（counter）还是用自动取款机？

Yào páiduì ma?　Duō cháng shíjiān
（3）要排队吗？多长时间（How long）？

Dì-shísān kè　Xuéxiào dōngbian jiù yǒu yí gè chāoshì
# 第 13 课　学校 东边 就 有 一 个 超市

## 一、生词　New words

| 序号 | 词语 | 拼音 | 词性 | 意思 |
|---|---|---|---|---|
| 1 | 操场[4] | cāochǎng | 名 | |
| 2 | 加油站[4] | jiāyóuzhàn | 名 | |
| 3 | 洗手间[1] | xǐshǒujiān | 名 | |
| 4 | 黑板[2] | hēibǎn | 名 | |
| 5 | 厕所[6] | cèsuǒ | 名 | |
| 6 | 钥匙[7] | yàoshi | 名 | |
| 7 | 椅子[2] | yǐzi | 名 | |
| 8 | 中间[1] | zhōngjiān | 名 | |
| 9 | 火车站[*] | huǒchēzhàn | 名 | |
| 10 | 奶茶[3] | nǎichá | 名 | |
| 11 | 红茶[3] | hóngchá | 名 | |
| 12 | 乌龙茶[*] | wūlóngchá | 名 | |
| 13 | 电影院[1] | diànyǐngyuàn | 名 | |
| 14 | 酒吧[4] | jiǔbā | 名 | |
| 15 | 明亮[5] | míngliàng | 形 | |
| 16 | 红[2] | hóng | 形 | |
| 17 | 重[1] | zhòng | 形 | |
| 18 | 座[2] | zuò | 量 | |
| 19 | 国家[1] | guójiā | 名 | |

## 二、重点句式操练 Pattern drills

### （一）替换练习 Substitution drills

1. A：Nǐ jiā fùjìn yǒu shāngdiàn ma?
你家附近 有 商店 吗？
   B：Wǒ jiā fùjìn yǒu yí gè shāngdiàn.
我家附近 有一个 商店。

| xuéxiào xībian | yínháng（jiā） |
|---|---|
| 学校 西边 | 银行（家） |
| jiàoxuélóu dōngbian | cāochǎng（gè） |
| 教学楼 东边 | 操场（个） |
| wǒ jiā běibian | jiāyóuzhàn（gè） |
| 我 家 北边 | 加油站（个） |
| jiàoshì zuǒbian | xǐshǒujiān（gè） |
| 教室 左边 | 洗手间（个） |
| jiàoshì qiánbian | hēibǎn（kuài） |
| 教室 前边 | 黑板（块） |

2. A：Túshūguǎn zài nǎr?
图书馆 在 哪儿？
   B：Túshūguǎn zài shítáng duìmiàn.
图书馆 在 食堂 对面。

| yínháng | xuéxiào xībian | cāochǎng | jiàoxuélóu dōngbian |
|---|---|---|---|
| 银行 | 学校 西边 | 操场 | 教学楼 东边 |
| yóujú | wǒ jiā běibian | shūdiàn | dōngmén pángbiān |
| 邮局 | 我 家 北边 | 书店 | 东门 旁边 |
| cèsuǒ | jiàoshì zuǒbian | yàoshi | shūbāo lǐbian |
| 厕所 | 教室 左边 | 钥匙 | 书包 里边 |
| yǐzi | jiàoshì hòubian | túshūguǎn | cāochǎng hé jiàoxuélóu zhōngjiān |
| 椅子 | 教室 后边 | 图书馆 | 操场 和 教学楼 中间 |
| huǒchēzhàn | jīchǎng duìmiàn | | |
| 火车站 | 机场 对面 | | |

3. A：Nàr yǒu méiyǒu běnzi?
那儿 有没有 本子？
   B：Běnzi, qiānbǐ, xiàngpí,
本子、铅笔、橡皮，
shénme dōu yǒu.
什么 都 有。

| nǎichá | kāfēi | guǒzhī |
|---|---|---|
| 奶茶 | 咖啡 | 果汁 |
| bāozi | mǐfàn | miàntiáo |
| 包子 | 米饭 | 面条 |
| Hànyǔshū | Yīngyǔshū | Fǎyǔshū |
| 汉语书 | 英语书 | 法语书 |
| hóngchá | lǜchá | wūlóngchá |
| 红茶 | 绿茶 | 乌龙茶 |
| miànbāo | bǐnggān | diǎnxin |
| 面包 | 饼干 | 点心 |
| yīyuàn | shāngdiàn | kāfēiguǎn |
| 医院 | 商店 | 咖啡馆 |
| shāngchǎng | diànyǐngyuàn | jiǔbā |
| 商场 | 电影院 | 酒吧 |

4. A: Zhège bái lóu jiù shì wǒmen de sùshèlóu.
这个白楼就是我们的宿舍楼。

B: Zhēn piàoliang!
真漂亮！

| dà fángjiān 大房间 | (gè) (个) | Zhēnyī de sùshè 真一的宿舍 | mínglìang 明亮 |
| bái zhuōzi 白桌子 | (zhāng) (张) | lǎoshī de zhuōzi 老师的桌子 | gānjìng 干净 |
| hóng shūbāo 红书包 | (gè) (个) | Měilì de shūbāo 美丽的书包 | zhòng 重 |
| nǚlǎoshī 女老师 | (wèi) (位) | tīnglì lǎoshī 听力老师 | piàoliang 漂亮 |
| xīn lóu 新楼 | (zuò) (座) | xuéxiào de shítáng 学校的食堂 | dà 大 |

5. A: Yí gè fángjiān zhù jǐ gè rén?
一个房间住几个人？

B: Sì gè rén.
四个人。

| sùshè 宿舍 | zhù 住 | liǎng 两 |
| jiàoshì 教室 | zuò 坐 | 20 |
| diànyǐngyuàn 电影院 | zuò 坐 | 60 |
| bīnguǎn 宾馆 | zhù 住 | 1000 |

| wǒ jiā 我家 |
| wǒ de fángjiān 我的房间 |
| wǒmen xuéxiào 我们学校 |
| wǒmen gōngsī 我们公司 |
| wǒmen guójiā 我们国家 |

6. A: Yǒu shíjiān dào wǒmen sùshè lái wánr ba.
有时间到我们宿舍来玩儿吧。

B: Hǎo de.
好的。

（二）看图，用"有"和"在"写句子 Make sentences with "有" and "在" according to the pictures

例：

北
（▲）

<sub>yǒu</sub>　　Yīyuàn dōngbian yǒu yí gè shūdiàn.
"有"：医院 东边 有一个书店。

<sub>zài</sub>　　Shūdiàn zài yīyuàn dōngbian.
"在"：书店 在 医院 东边。

1.

北
（▲）

"有"：＿＿＿＿＿＿＿＿＿＿＿＿＿＿＿＿＿＿＿＿＿。

"在"：＿＿＿＿＿＿＿＿＿＿＿＿＿＿＿＿＿＿＿＿＿。

2.

"有"：＿＿＿＿＿＿＿＿＿＿＿＿＿＿＿＿＿＿＿＿＿。

"在"：＿＿＿＿＿＿＿＿＿＿＿＿＿＿＿＿＿＿＿＿＿。

3.

"有"：_____。

"在"：_____。

4.

图书馆 ⟶ ⟵ 教学楼 （对面）

"有"：_____。

"在"：_____。

### 三、听对话 Listen to the dialogue

### （一）听后选择正确答案 Choose the right answer after listening

1. A. 不太大 bú tài dà      B. 人很多 rén hěn duō

    C. 没有电影院 méiyǒu diànyǐngyuàn      D. 在学校里边 zài xuéxiào lǐbian

2. A. 书店 shūdiàn      B. 超市 chāoshì      C. 饭馆 fànguǎn      D. 操场 cāochǎng

3. A. diànyǐngyuàn pángbiān 电影院 旁边　　　B. kāfēiguǎn pángbiān 咖啡馆 旁边

C. chāoshì pángbiān 超市 旁边　　　D. diànyǐngyuàn duìmiàn 电影院 对面

4. A. fànguǎn li 饭馆 里　　　B. diànyǐngyuàn li 电影院 里

C. chāoshì pángbiān 超市 旁边　　　D. shūdiàn pángbiān 书店 旁边

5. A. Tāmen zhōngwǔ xiǎng qù fànguǎn chī fàn. 他们 中午 想 去 饭馆 吃饭。

B. Diànyǐngyuàn pángbiān yǒu liǎng gè fànguǎn. 电影院 旁边 有 两 个 饭馆。

C. Tāmen bù xiǎng kàn diànyǐng. 他们 不 想 看 电影。

D. Diànyǐngyuàn duìmiàn shì kāfēiguǎn. 电影院 对面 是 咖啡馆。

## （二）听后将下面的地图补充完整 Complete the following map after listening

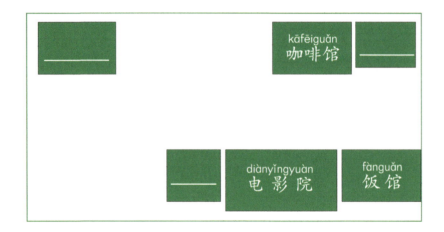

## 四、听短文 Listen to the passage

## （一）听后选择正确答案 Choose the right answer after listening

1. A. yínháng 银行　　　B. yīyuàn 医院　　　C. chāoshì 超市　　　D. shūdiàn 书店

2. A. sì gè 四个　　　B. wǔ gè 五个　　　C. liù gè 六个　　　D. qī gè 七个

3. A. 东门 对面 *dōngmén duìmiàn*   B. 东门 旁边 *dōngmén pángbiān*

   C. 食堂 对面 *shítáng duìmiàn*   D. 图书馆 对面 *túshūguǎn duìmiàn*

4. A. 法国菜 *Fǎguócài*   B. 中国菜 *Zhōngguócài*   C. 日本菜 *Rìběncài*   D. 韩国菜 *Hánguócài*

5. A. 不漂亮 *bú piàoliang*   B. 住一个人 *zhù yí gè rén*   C. 在五层 *zài wǔ céng*   D. 在四号楼 *zài sì hào lóu*

## （二）听后根据所给关键词复述课文 Retell the text with the key words after listening

我在北京语言大学……。学校西边有一个……，东边还有一个……。
*Wǒ zài Běijīng Yǔyán Dàxué… Xuéxiào xībian yǒu yí gè… dōngbian hái yǒu yí gè…*

我们学校里边有……，我们的教学楼在……，一共有……。
*Wǒmen xuéxiào lǐbian yǒu… wǒmen de jiàoxuélóu zài… yígòng yǒu…*

我们班的教室……。图书馆在……面，里边有……。食堂有……，
*Wǒmen bān de jiàoshì… Túshūguǎn zài… miàn, lǐbian yǒu… Shítáng yǒu…*

中国菜、韩国菜、日本菜，……，还有一个……。
*Zhōngguócài, Hánguócài, Rìběncài… hái yǒu yí gè…*

我住在……，这是一个……白楼，我住在……，一个房间
*Wǒ zhùzài… zhè shì yí gè… báilóu, wǒ zhùzài… yí gè fángjiān*

住……。我……我的房间。
*zhù… Wǒ… wǒ de fángjiān.*

## 五、课堂活动 Activities

## （一）看图说话 Talk about the picture

题目：在超市 *Zài chāoshì* Title：In the supermarket

## （二）分组游戏：拼图　Group game: Jigsaw puzzle

　　将全班同学分成两组，组中一人拿全图，其他每人2—3张小图，拿小图的同学问拿全图的同学："……在……的……边吗？"拿全图的同学只能回答"对/不对"，看哪组拼得快 Divide the class into two groups. One of the students in the group takes the full picture and the others take two or three small pieces. The student with the small pieces asks the student with the full picture "… 在 … 的 … 边 吗？". Students with the full picture can only answer "yes / no", see which group can finish doing the jigsaw quicker

# Dì-shísì kè　Wǒ zhǐ huì shuō yìdiǎnr Hànyǔ
# 第 14 课　我 只 会 说 一点儿 汉语

## 一、生词 New words

| 序号 | 词语 | 拼音 | 词性 | 意思 |
|------|------|------|------|------|
| 1 | 参加[2] | cānjiā | 动 | |
| 2 | 晚会[2] | wǎnhuì | 名 | |
| 3 | 事儿[1] | shìr | 名 | |
| 4 | 寒假[4] | hánjià | 名 | |
| 5 | 准备[1] | zhǔnbèi | 动 | |
| 6 | 讲座[4] | jiǎngzuò | 名 | |
| 7 | 开车[1] | kāichē | 动 | |
| 8 | 抽烟[4] | chōuyān | 动 | |
| 9 | 停车[2] | tíngchē | 动 | |
| 10 | 饮料[5] | yǐnliào | 名 | |
| 11 | 弹[5] | tán | 动 | |
| 12 | 钢琴[5] | gāngqín | 名 | |
| 13 | 拉[2] | lā | 动 | |
| 14 | 小提琴[高] | xiǎotíqín | 名 | |
| 15 | 跳舞[3] | tiàowǔ | 动 | |
| 16 | 唱歌[1] | chànggē | 动 | |
| 17 | 分钟[2] | fēnzhōng | 名 | |
| 18 | 秒（钟）[5] | miǎo(zhōng) | 量 | |
| 19 | 跑[1] | pǎo | 动 | |
| 20 | 米[2] | mǐ | 量 | |
| 21 | 这么[2] | zhème | 代 | |
| 22 | 打扫[4] | dǎsǎo | 动 | |

专有名词 **Proper nouns**

| | | | |
|---|---|---|---|
| 1. | 英语 | Yīngyǔ | English |
| 2. | 法语 | Fǎyǔ | French |
| 3. | 日语 | Rìyǔ | Japanese |
| 4. | 俄语 | Éyǔ | Russian |
| 5. | 西班牙语 | Xībānyáyǔ | Spanish |

二、重点句式操练 **Pattern drills**

（一）替换练习 **Substitution drills**

1. A： Míngtiān nǐ néng qù Cháng Chéng ma?
明 天 你 能 去 长 城 吗？

   B： Míngtiān wǒ néng qù Cháng Chéng.
明 天 我 能 去 长 城 。

   /Míngtiān wǒ yǒu kè,  bù néng qù Cháng Chéng.
/明 天 我 有 课，不 能 去 长 城 。

| jīntiān wǎnshang 今天 晚上 | cānjiā wǎnhuì 参加 晚会 | yǒu shìr 有 事儿 |
|---|---|---|
| Xīngqīliù 星期六 | qù gōngyuán 去 公园 | yào mǎi dōngxi 要 买 东西 |
| hánjià 寒假 | qù lǚyóu 去 旅游 | shàng Hànyǔkè 上 汉语课 |
| Xīngqītiān 星期天 | qù yínháng 去 银行 | qù shūdiàn 去 书店 |
| zhōumò 周末 | qù kàn diànyǐng 去 看 电影 | zhǔnbèi kǎoshì 准备 考试 |
| jīntiān xiàwǔ 今天 下午 | qù túshūguǎn 去 图书馆 | tīng jiǎngzuò 听 讲座 |
| xiànzài 现在 | kāichē huíjiā 开车 回家 | hē jiǔ le 喝 酒 了 |

Nǐ de fángjiān néng shàngwǎng ma?
2. A：你的 房间 能 上网 吗？

Wǒ de fángjiān néng shàngwǎng
　　B：我的 房间 能 上网

/ bù néng shàngwǎng.
/ 不 能 上网。

| nǐ de sùshè 你的宿舍 | zuòfàn 做饭 |
|---|---|
| jiàoxuélóu li 教学楼里 | chōuyān 抽烟 |
| xuéxiào lǐbian 学校里边 | tíngchē 停车 |
| jiàoshì li 教室里 | hē yǐnliào 喝饮料 |
| xiàkè yǐhòu 下课以后 | zài jiàoshì xuéxí 在教室学习 |
| shàngkè de shíhou 上课的时候 | qù xǐshǒujiān 去洗手间 |

Nǐ huì shuō Fǎyǔ ma?
3. A：你会 说 法语 吗？

Wǒ huì shuō Fǎyǔ.
　　B：我会 说 法语。

/ Wǒ huì shuō Yīngyǔ, bú huì shuō Fǎyǔ.
/ 我会 说 英语，不会 说 法语。

| xiě Hànzì 写汉字 | shuō Hànyǔ 说汉语 |
|---|---|
| tán gāngqín 弹钢琴 | lā xiǎotíqín 拉小提琴 |
| zuò Hánguócài 做韩国菜 | zuò Zhōngguócài 做中国菜 |
| tiàowǔ 跳舞 | chànggē 唱歌 |
| kāichē 开车 | qí zìxíngchē 骑自行车 |
| zuò bāozi 做包子 | zuò jiǎozi 做饺子 |

Nǐ yì fēnzhōng néng xiě duōshao gè Hànzì?
4. A：你 一分钟 能 写多少个汉字？

Wǒ yì fēnzhōng néng xiě èrshí gè Hànzì.
　　B：我 一分钟 能 写二十个汉字。

| yí cì 一次 | chī shí gè bāozi 吃十个包子 |
|---|---|
| yì fēnzhōng 一分钟 | hē liǎng bēi píjiǔ 喝两杯啤酒 |
| yì tiān 一天 | xuéxí sānshí gè shēngcí 学习三十个生词 |
| wǔ fēnzhōng 五分钟 | zuò shí gè jiǎozi 做十个饺子 |
| shí miǎozhōng 十秒钟 | pǎo wǔshí mǐ 跑五十米 |

5. A: Wǒ néng zuò zhèr ma?
   我 能 坐 这儿 吗？

   B: Qǐng zuò ba.
   请 坐 吧。

| jìnlái | hē bēi chá |
|---|---|
| 进来 | 喝 杯 茶 |
| yòngyong nǐ de cídiǎn | kànkan zhè běn shū |
| 用用 你 的 词典 | 看看 这 本 书 |
| qù xǐshǒujiān | chángchang píngguǒ |
| 去 洗手间 | 尝尝 苹果 |

6. A: Nǐ de Hànyǔ búcuò.
   你 的 汉语 不错。

   B: Nǎlǐ. Wǒ zhǐ huì shuō yìdiǎnr Hànyǔ.
   哪里。我 只 会 说 一点儿 汉语。

| Yīngyǔ | Fǎyǔ |
|---|---|
| 英语 | 法语 |
| Rìyǔ | Éyǔ |
| 日语 | 俄语 |
| Xībānyáyǔ | |
| 西班牙语 | |

7. A: Nǐ néng bāng wǒ xiě yíxià ma?
   你 能 帮 我 写 一下 吗？

   B: Hǎo de, méi wèntí.
   好 的，没 问题。

| kàn | dǎsǎo |
|---|---|
| 看 | 打扫 |
| huàn | dú |
| 换 | 读 |
| wèn | zhǎo |
| 问 | 找 |

8. Wǒ zhèng xiǎng zhǎo yí gè yǔbànr ne.
   我 正 想 找 一个 语伴儿 呢。

| mǎi yì běn cídiǎn |
|---|
| 买 一 本 词典 |
| qù chāoshì mǎi dōngxi |
| 去 超市 买 东西 |
| gěi nǐ dǎ diànhuà |
| 给 你 打 电话 |
| zhǎo yí gè Zhōngguó péngyou |
| 找 一个 中国 朋友 |
| qù chī wǔfàn |
| 去 吃 午饭 |
| qù yínháng huàn qián |
| 去 银行 换 钱 |

（二）看图，用"能"或"会"完成对话　Complete the dialogues with
"能" or "会" according to the pictures

　　　　　Nǎinai, wǒ　　　　　　　　ma?
1. A：奶奶，我＿＿＿＿＿＿＿吗？
　　　　　Nǐ　　　　　　　yào xiān zuò zuòyè.
　　B：你＿＿＿＿＿＿，要先做作业。

　　　　Nǐ yí cì　　　　　　zhème duō jiǎozi ma?
2. A：你一次＿＿＿＿＿这么多饺子吗？
　　　　Wǒ　　　　　　zánmen yìqǐ chī ba.
　　B：我＿＿＿＿＿，咱们一起吃吧。

　　　Zhèr　　　　　　rìyuán ma?
3. A：这儿＿＿＿＿＿日元吗？
　　　　　　　　　　　　rìyuán méiyǒu le.
　　B：＿＿＿＿＿＿＿＿＿，日元没有了，
　　　　　　　　　měiyuán.
　　＿＿＿＿＿＿＿＿美元。

　　　Tāmen　　　　　　　　ma?
4. A：他们＿＿＿＿＿＿＿吗？
　　　Níkě　　　　　　　Ānnà
　　B：尼可＿＿＿＿＿，安娜＿＿＿＿＿。

5. A：丁兰 Dīng Lán ＿＿＿＿＿＿＿＿＿＿＿ 吗？ ma?

   B：她 Tā ＿＿＿＿＿＿＿＿＿＿＿＿＿。

### 三、听对话 Listen to the dialogue

### （一）听后选择正确答案 Choose the right answer after listening

1. A. 晚会 wǎnhuì　　　B. 同学们 tóngxuémen　　　C. 吃饭 chī fàn　　　D. 表演 biǎoyǎn

2. A. 跳舞 tiàowǔ　　　B. 唱歌 chànggē　　　C. 做饭 zuòfàn　　　D. 弹钢琴 tán gāngqín

3. A. 喝啤酒 hē píjiǔ　　　B. 跳舞 tiàowǔ　　　C. 做韩国菜 zuò Hánguócài　　　D. 做饺子 zuò jiǎozi

4. A. 美丽想参加 Měilì xiǎng cānjiā　　　　　　　B. 尼可有表演 Níkě yǒu biǎoyǎn

   C. 可以看表演 kěyǐ kàn biǎoyǎn　　　　　　　D. 可以吃东西 kěyǐ chī dōngxi

5. A. 美丽不用带吃的。 Měilì búyòng dài chīde.

   B. 尼可一分钟能吃50个饺子。 Níkě yì fēnzhōng néng chī wǔshí gè jiǎozi.

   C. 尼可不喝酒。 Níkě bù hē jiǔ.

   D. 尼可能打扫教室。 Níkě néng dǎsǎo jiàoshì.

### （二）听第二遍，填空 Listen again and fill in the blanks

明天，尼可他们班有一个＿＿＿＿＿，他请美丽也来参加。最近 Míngtiān, Níkě tāmen bān yǒu yí gè ___, tā qǐng Měilì yě lái cānjiā. Zuìjìn

太＿＿＿＿了，同学们想一起玩儿一玩儿。晚会上有表演，有的 tài ___ le, tóngxuémen xiǎng yìqǐ wánr yì wánr. Wǎnhuì shang yǒu biǎoyǎn, yǒude

同学＿＿＿＿＿，有的同学＿＿＿＿＿，有的同学＿＿＿＿＿。晚会上也 tóngxué ___, yǒude tóngxué ___, yǒude tóngxué ___. Wǎnhuì shang yě

有吃的。有的同学＿＿＿＿＿＿，有的同学＿＿＿＿＿＿。 yǒu chīde. Yǒude tóngxué ___, yǒude tóngxué ___.

Níkě shuō, tā yì fēnzhōng　　　　　wǔshí gè jiǎozi,　　　　hěn duō píjiǔ,
尼可说,他一分钟＿＿＿＿＿50 个饺子,＿＿＿＿很多啤酒,
hái　　　　jiàoshì.
还＿＿＿＿＿教室。

**四、听短文 Listen to the passage**

**（一）听后选择正确答案 Choose the right answer after listening**

　　　 yínháng　　　　　　　yīyuàn　　　　　　　 shítáng　　　　　　　 túshūguǎn
1. A. 银行　　　　 B. 医院　　　　 C. 食堂　　　　 D. 图书馆
　　　 Fǎyǔ　　　　　　　　Éyǔ　　　　　　　 Xībānyáyǔ　　　　　　Rìyǔ
2. A. 法语　　　　 B. 俄语　　　　 C. 西班牙语　　　 D. 日语
　　　 yìqǐ wánr　　　　　　yìqǐ chī fàn
3. A. 一起 玩儿　　 B. 一起 吃饭
　　　 liànxí tīng hé shuō　　yìqǐ cānjiā wǎnhuì
　　 C. 练习 听和 说　　D. 一起 参加 晚会
　　　 shàngkè　　　　　　 huíjiā　　　　　　 cānjiā wǎnhuì　　　　 xuéxí Yīngyǔ
4. A. 上课　　　　 B. 回家　　　　 C. 参加 晚会　　 D. 学习 英语
　　　 jīntiān wǎnshang　　míngtiān wǎnshang　　xiànzài　　　　　 zhōumò
5. A. 今天 晚上　　 B. 明天 晚上　　 C. 现在　　　　 D. 周末

**（二）听后根据所给关键词复述课文 Retell the text with the key words after listening**

Jīntiān Níkě…… de shíhou, rènshile yí gè…… Tā jiào Lǐ Qiáng, shì wàiyǔ
今天 尼可……的时候, 认识了 一 个……。他叫 李 强, 是 外语
xuéyuàn wàiyǔxì de xuésheng, zhùzài…… hào lóu…… fángjiān. Tā huì……, yě huì……
学院 外语系 的 学生,住在……号 楼……房间。他 会……, 也 会……。
Lǐ Qiáng yǒu yí gè jiànyì: tā jiāo……, Níkě jiāo…… Níkě……, yīnwèi tā zhèng
李 强 有一个建议:他 教……,尼可 教……。尼可……,因为 他 正
xiǎng……, liànxí……
想……, 练习……。

Míngtiān wǎnshang Níkě de fángjiān li……, tā qǐng Lǐ Qiáng…… Kěshì Lǐ
明 天 晚上尼可的 房间 里……,他 请 李 强 ……。可是 李
Qiáng……, tā yào…… kàn bàba māma. Zhōumò Lǐ Qiáng néng hé Níkě……
强 ……,他 要……看爸爸 妈妈。周末 李 强 能 和 尼可……。

## 五、课堂活动 Activities

### （一）分组游戏：比一比 Group game: Competition

3—4人一组，比一比谁会做的家务最多，评出组里的"家务小能手" A group of 3-4 people compete to see who can do the most housework, selecting the "housework expert" in the group

### （二）角色扮演：面试 Role play: Interview

你到一家公司找工作，向经理介绍一下自己会做什么，有什么能力 When you look for a job in a company, tell the manager what you can do, and what capability you have

# Dì-shíwǔ kè Yǒuyì Bīnguǎn lí zhèr yuǎn ma?
# 第 15 课 友谊 宾馆离 这儿 远 吗？

## 一、生词 New words

| 序号 | 词语 | 拼音 | 词性 | 意思 |
|------|------|------|------|------|
| 1 | 公里[2] | gōnglǐ | 名 | |
| 2 | 左右[3] | zuǒyòu | 名 | |
| 3 | 差不多[2] | chàbuduō | 副 | |
| 4 | 要[1] | yào | 动 | |
| 5 | 大巴[4] | dàbā | 名 | |
| 6 | 一定 | yídìng | 副 | |
| 7 | 大使馆[3] | dàshǐguǎn | 名 | |
| 8 | 同屋* | tóngwū | 名 | |
| 9 | 地铁站[2] | dìtiězhàn | 名 | |
| 10 | 动物园[2] | dóngwùyuán | 名 | |
| 11 | 最[1] | zuì | 副 | |
| 12 | 迷路[7] | mílù | 动 | |
| 13 | 已经[2] | yǐjīng | 副 | |
| 14 | 上班[1] | shàngbān | 动 | |

**专有名词 Proper nouns**

| | | | |
|---|---|---|---|
| 1. | 颐和园 | Yíhé Yuán | the Summer Palace |
| 2. | 五道口 | Wǔdàokǒu | Wudaokou |
| 3. | 故宫 | Gù Gōng | the Forbidden City |
| 4. | 北海公园 | Běihǎi Gōngyuán | Beihai Park |

## 二、重点句式操练 Pattern drills

### （一）替换练习 Substitution drills

1. A：Yǒuyì Bīnguǎn lí zhèr yuǎn ma?
   友谊 宾馆 离 这儿 远 吗？

   /Yǒuyì Bīnguǎn lí zhèr yuǎn bu yuǎn?
   / 友谊 宾馆 离 这儿 远 不 远？

   B：Hěn yuǎn. Bǐjiào yuǎn. Bú tài yuǎn.
   很 远。/ 比较 远。/ 不 太 远。

   | Cháng Chéng | Yíhé Yuán |
   |---|---|
   | 长 城 | 颐和园 |
   | huǒchēzhàn | jiāyóuzhàn |
   | 火车站 | 加油站 |
   | nǐ jiā | Guójiā Bówùguǎn |
   | 你 家 | 国家 博物馆 |

2. A：Yǒuyì Bīnguǎn lí zhèr duō yuǎn?
   友谊 宾馆 离 这儿 多 远？

   B：Dàgài yǒu sì-wǔ gōnglǐ.
   大概 有 四五 公里。

   | Cháng Chéng | liùshí duō gōnglǐ | Yíhé Yuán | bā-jiǔ gōnglǐ |
   |---|---|---|---|
   | 长 城 | 六十 多 公里 | 颐和园 | 八九 公里 |
   | huǒchēzhàn | shí duō gōnglǐ | jiāyóuzhàn | wǔ-liù bǎi mǐ |
   | 火车站 | 十 多 公里 | 加油站 | 五六 百 米 |
   | nǐ jiā | yì gōnglǐ zuǒyòu | Guójiā Bówùguǎn | chàbuduō èrshí gōnglǐ |
   | 你 家 | 一 公里 左右 | 国家 博物馆 | 差不多 二十 公里 |

3. A：Nǐ jiā lí zhèr duō yuǎn?
   你 家 离 这儿 多 远？

   B：Bú tài yuǎn, qí zìxíngchē dàgài (zhǐ) yào shí fēnzhōng.
   不 太 远，骑 自行车 大概 （只）要 十 分钟。

| Cháng Chéng | zuò dàbā | yí gè bàn xiǎoshí |
|---|---|---|
| 长 城 | 坐 大巴 | 一个 半 小时 |
| Yíhé Yuán | zuò gōnggòng qìchē | sìshí fēnzhōng zuǒyòu |
| 颐和 园 | 坐 公共 汽车 | 四十 分钟 左右 |
| huǒchēzhàn | dǎchē | bàn gè xiǎoshí |
| 火车站 | 打车 | 半个 小时 |
| jiāyóuzhàn | kāichē | liǎng-sān fēnzhōng |
| 加油站 | 开车 | 两三 分钟 |
| sùshè | zǒulù | wǔ-liù fēnzhōng |
| 宿舍 | 走路 | 五六 分钟 |
| Guójiā Bówùguǎn | zuò dìtiě | wǔshí duō fēnzhōng |
| 国家 博物馆 | 坐 地铁 | 五十 多 分钟 |

Qù dìtiězhàn zěnme zǒu?
4.A: 去 地铁站 怎么 走?

Yìzhí zǒu, dào dōngmén wǎng zuǒ guǎi.
 B: 一直 走,到 东门 往 左 拐。

| Zhōngguó Yínháng | shízì lùkǒu | zuǒ |
|---|---|---|
| 中 国 银行 | 十字 路口 | 左 |
| gōnggòng qìchē zhàn | nánmén | zuǒ |
| 公 共 汽车 站 | 南门 | 左 |
| chāoshì | dōngmén | yòu |
| 超市 | 东门 | 右 |
| yóujú | shízì lùkǒu | yòu |
| 邮局 | 十字 路口 | 右 |

Míngtiān shì Xīngqīliù, zài wǒ fángjiān yǒu gè jùhuì, nǐ gēn jiějie yìqǐ lái ba.
5.A: 明天 是 星期六,在 我 房间 有 个 聚会,你 跟 姐姐 一起 来 吧。

Hǎo de, wǒ yídìng lái. /Duìbuqǐ, wǒ yǒu shìr, bù néng lái.
 B: 好的,我 一定 来。/ 对不起,我 有 事儿,不 能 来。

| shì zhōumò | wǒ sùshè | jiějie |
|---|---|---|
| 是 周末 | 我 宿舍 | 姐姐 |
| shì Xīngqītiān | wǒmen guójiā de dàshǐguǎn | tóngshì |
| 是 星期天 | 我们 国家 的 大使馆 | 同事 |
| fàngjià | péngyou de fángjiān | mèimei |
| 放假 | 朋友 的 房间 | 妹妹 |
| shì wǒ shēngrì | xuéxiào fùjìn de fànguǎn | nánpéngyou |
| 是 我 生日 | 学校 附近 的 饭馆 | 男朋友 |
| xiūxi | shítáng wǔ céng de cāntīng | tóngwū |
| 休息 | 食堂 五 层 的 餐厅 | 同屋 |

Nǐ zhīdào Lìshǐ Bówùguǎn zài nǎr ma?
6. A：你知道 历史 博物馆 在 哪儿 吗？

Zhīdào, zài Tiān'ān Mén Guǎngchǎng dōngbian.
B：知道，在 天安门 广场 东边。

| | |
|---|---|
| Qīnghuá Dàxué<br>清华 大学 | Wǔdàokǒu dìtiězhàn xībian<br>五道口 地铁站 西边 |
| yóujú<br>邮局 | nánmén dōngbian<br>南门 东边 |
| túshūguǎn<br>图书馆 | shítáng duìmiàn<br>食堂 对面 |
| dòngwùyuán<br>动物园 | bówùguǎn pángbiān<br>博物馆 旁边 |
| shūdiàn<br>书店 | nánmén fùjìn<br>南门 附近 |

## （二）看图，完成对话 Complete the dialogues according to the pictures

1.

lí                    yuǎn ma?
A：＿＿＿＿＿ 离 ＿＿＿＿＿ 远 吗？

zǒulù              jiù néng dào.
B：＿＿＿＿＿，走路 ＿＿＿＿＿ 就 能 到。

2.

A：＿＿＿＿＿ 离 ＿＿＿＿＿ 多 远？
　　　　　lí　　　　　　　duō yuǎn?

B：大概 ＿＿＿＿＿，坐 高铁 ＿＿＿＿＿。
　　Dàgài　　　　　　 zuò gāotiě

3.

A：请问，＿＿＿＿＿ 离这儿 ＿＿＿＿＿?
　　Qǐngwèn,　　　　　 lí　 zhèr

B：＿＿＿＿＿＿＿＿＿＿＿＿＿＿。

19:00—19:40

工商银行

北

超市？

4. A: _____ 多 远？
　　　　　duō yuǎn?

　　B: 走路 _____。
　　　Zǒulù

5. A: 请问, _____ 怎么 走？
　　　Qǐngwèn,　　　　　　zěnme zǒu?

　　B: 一直 走，到 _____ 往 _____ 拐。
　　　Yìzhí zǒu, dào　　　wǎng　　　guǎi.

### 三、听对话 Listen to the dialogue

### （一）听后选择正确答案 Choose the right answer after listening

1. A. 在 教室 学习　　　　B. 在 宿舍 休息
　　zài jiàoshì xuéxí　　　　zài sùshè xiūxi
　　C. 去 上海 旅游　　　　D. 去 苏州 工作
　　qù Shànghǎi lǚyóu　　　　qù Sūzhōu gōngzuò

2. A. 1200 米　　B. 1200 公里　　C. 12 公里　　D. 1200 里
　　　　mǐ　　　　　　　gōnglǐ　　　　　　gōnglǐ　　　　　　lǐ

3. A. 12 个 小时 左右　　　B. 5 个 小时 左右
　　　　gè xiǎoshí zuǒyòu　　　　gè xiǎoshí zuǒyòu
　　C. 50 分钟 左右　　　　D. 1 个 多 小时
　　　　fēnzhōng zuǒyòu　　　　gè duō xiǎoshí

4. A. 离 北京 不 远　　　　B. 在 上海 附近
　　　lí Běijīng bù yuǎn　　　　zài Shànghǎi fùjìn
　　C. 离 上海 很 远　　　　D. 在 北京 旁边
　　　lí Shànghǎi hěn yuǎn　　　　zài Běijīng pángbiān

5. A. 走路　　　　B. 开车　　　C. 坐 高铁　　D. 坐 火车
　　　zǒulù　　　　kāichē　　　　zuò gāotiě　　　zuò huǒchē

### （二）听后判断正误 Judge true or false after listening

1. 真一 和 安娜 都 喜欢 旅游。　　　　　　　　（　　）
　　Zhēnyī hé Ānnà dōu xǐhuan lǚyóu.

Cóng Shànghǎi dào Běijīng, kāichē yào shíyī-èr gè xiǎoshí.
2. 从 上海 到北京,开车要十一二个 小时。 （ ）

Zuò gāotiě fēicháng guì.
3. 坐 高铁 非常 贵。 （ ）

Sūzhōu lí Shànghǎi hěn yuǎn.
4. 苏州 离 上海 很远。 （ ）

Cóng Běijīng dào Sūzhōu, zuò gāotiě yào shí gè xiǎoshí.
5. 从 北京 到苏州,坐高铁要10个 小时。 （ ）

**四、听短文** Listen to the passage

**（一）听后选择正确答案 Choose the right answer after listening**

zuò dìtiě　　　　Zhōngguócài　　　　Zhōngguó lìshǐ　　　　gōnggòng qìchē
1. A. 坐 地铁　　B. 中国菜　　　　C. 中国 历史　　D. 公共 汽车

xià gè xīngqī　　　Jiǔyuè　　　　xiàwǔ yī diǎn　　　Shíyuè
2. A. 下 个 星期　　B. 九月　　　　C. 下午 一 点　　D. 十月

Gù Gōng　　　　Běihǎi Gōngyuán　　　Lìshǐ Bówùguǎn　　dìtiězhàn
3. A. 故 宫　　B. 北海 公园　　　C. 历史 博物馆　　D. 地铁站

zǒulù　　　　zuò gōnggòng qìchē　　　zuò dìtiě　　　dǎchē
4. A. 走路　　B. 坐 公共 汽车　　　C. 坐 地铁　　D. 打车

zǒulù　　　　zuò gōnggòng qìchē　　　zuò dìtiě　　　dǎchē
5. A. 走路　　B. 坐 公共 汽车　　　C. 坐 地铁　　D. 打车

**（二）听后根据所给关键词复述课文 Retell the text with the key words**

**after listening**

Měizǐ fēicháng xǐhuan……。Lái Běijīng yǐhòu, tā měi gè zhōumò dōu……。Jiǔyuè
美子 非常 喜欢……。来北京 以后, 她每个 周末 都……。九月

tā qùle……, Shíyuè qùle……。Xià gè Xīngqītiān tā xiǎng qù……。
她去了……, 十月去了……。下个 星期天 她 想 去……。

Lìshǐ Bówùguǎn zài……, lí xuéxiào……, ……bǐjiào kuài, dàgài……; zuò……
历史 博物馆 在……, 离学校……, ……比较 快, 大概……; 坐……

màn yìdiǎnr, yào……。Měizǐ……qù xuéxiào fùjìn de dìtiězhàn, tā mílù le. Yí
慢 一点儿, 要……。美子……去 学校 附近 的 地铁站, 她 迷路了。一

wèi lǎodàye gàosu tā……zěnme zǒu. Měizǐ dào bówùguǎn de shíhou, yǐjīng……le.
位 老大爷 告诉 她……怎么 走。美子 到博物馆 的 时候, 已经……了。

五、课堂活动 Activities

（一）看图说话 Talk about the picture

题目：<ruby>马<rt>Mǎ</rt></ruby> <ruby>义<rt>Yì</rt></ruby> <ruby>在<rt>zài</rt></ruby> <ruby>北京<rt>Běijīng</rt></ruby> Title：Ma Yi in Beijing

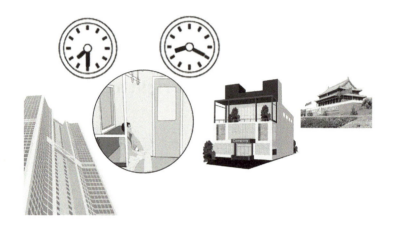

（二）小调查：你怎么去上班／上学？ Small survey：How do you go to work/school?

请你找三位中国朋友，问问他们下面的问题 Find three Chinese friends and ask them the questions below

1. <ruby>住在<rt>Zhùzài</rt></ruby> <ruby>哪儿<rt>nǎr?</rt></ruby> <ruby>离<rt>Lí</rt></ruby> <ruby>上班<rt>shàngbān</rt></ruby> <ruby>的<rt>de</rt></ruby> <ruby>地方<rt>dìfang</rt></ruby> ／ <ruby>学校<rt>xuéxiào</rt></ruby> <ruby>远<rt>yuǎn</rt></ruby> <ruby>吗<rt>ma?</rt></ruby>

2. <ruby>有<rt>Yǒu</rt></ruby> <ruby>多<rt>duō</rt></ruby> <ruby>远<rt>yuǎn?</rt></ruby> <ruby>他<rt>Tā</rt></ruby> ／ <ruby>她<rt>tā</rt></ruby> <ruby>怎么<rt>zěnme</rt></ruby> <ruby>去<rt>qù</rt></ruby> <ruby>上班<rt>shàngbān</rt></ruby> ／ <ruby>学校<rt>xuéxiào?</rt></ruby>

Dì-shíliù kè　Nǐ chànggē chàng de zhēn bàng!

# 第 16 课　你 唱 歌 唱 得 真 棒！

一、生词 **New words**

| 序号 | 词语 | 拼音 | 词性 | 意思 |
|------|------|------|------|------|
| 1 | 讲[2] | jiǎng | 动 | |
| 2 | 清楚[2] | qīngchu | 形 | |
| 3 | 流利[2] | liúlì | 形 | |
| 4 | 收拾[5] | shōushi | 动 | |
| 5 | 整齐[3] | zhěngqí | 形 | |
| 6 | 布置[4] | bùzhì | 动 | |
| 7 | 洗[1] | xǐ | 动 | |
| 8 | 跑步[3] | pǎobù | 动 | |
| 9 | 白酒[5] | báijiǔ | 名 | |
| 10 | 葡萄酒[5] | pútaojiǔ | 名 | |
| 11 | 音乐会[2] | yīnyuèhuì | 名 | |
| 12 | 散步[3] | sànbù | 动 | |
| 13 | 文章[3] | wénzhāng | 名 | |
| 14 | 不过[2] | búguò | 连 | |
| 15 | 乱[3] | luàn | 形 | |

## 二、重点句式操练 Pattern drills

### （一）替换练习 Substitution drills

1. A：Nǐ xiūxi de hǎo ma?
你休息得好吗?
B：Wǒ xiūxi de hěn hǎo.
我休息得很好。

| lǎoshī 老师 | jiǎng 讲 | qīngchu 清楚 |
|---|---|---|
| Mǎlì 玛丽 | shuì 睡 | zǎo 早 |
| Níkě 尼可 | lái 来 | wǎn 晚 |
| tā 他 | shuō 说 | kuài 快 |
| Ānnà 安娜 | zǒu 走 | màn 慢 |
| tāmen 他们 | biǎoyǎn 表演 | jīngcǎi 精彩 |
| tā nǚ'ér 他女儿 | zhǎng 长 | kě'ài 可爱 |

2. A：Dīng Lán chànggē chàng de zěnmeyàng?
丁兰唱歌唱得怎么样?
B：Tā chàng de fēicháng bàng!
她唱得非常棒!

| Zhēnyī 真一 | xiě Hànzì 写汉字 | piàoliang 漂亮 |
|---|---|---|
| Jīn Héyǒng 金和永 | tī zúqiú 踢足球 | hǎo 好 |
| Níkě 尼可 | yóuyǒng 游泳 | kuài 快 |
| Wáng Měilì 王美丽 | tán gāngqín 弹钢琴 | hǎotīng 好听 |
| Měizǐ 美子 | shuō Hànyǔ 说汉语 | liúlì 流利 |
| Ānnà 安娜 | zuòfàn 做饭 | hǎochī 好吃 |

3. A：Fángjiān dǎsǎo de gānjìng bu gānjìng?
房间打扫得干净不干净?
B：Fángjiān dǎsǎo de hěn gānjìng.
房间打扫得很干净。

| dōngxi 东西 | shōushi 收拾 | zhěngqí 整齐 |
|---|---|---|
| diǎnxin 点心 | zuò 做 | hǎochī 好吃 |
| jiàoshì 教室 | bùzhì 布置 | piàoliang 漂亮 |
| shuǐguǒ 水果 | xǐ 洗 | gānjìng 干净 |
| zuòyè 作业 | zuò 做 | hǎo 好 |

4. A：你会打网球吗？
Nǐ huì dǎ wǎngqiú ma?

　B：会。
Huì.

　A：你打得怎么样／好不好／好吗？
Nǐ dǎ de zěnmeyàng / hǎo bu hǎo / hǎo ma?

　B：我打得还可以。
Wǒ dǎ de hái kěyǐ.

| | |
|---|---|
| zuò Zhōngguócài 做 中国菜 | hěn hǎochī 很 好吃 |
| yóuyǒng 游泳 | hěn kuài 很 快 |
| kāichē 开车 | hěn hǎo 很 好 |
| xiě Hànzì 写 汉字 | hěn piàoliang 很 漂亮 |
| chàng jīngjù 唱 京剧 | hěn hǎotīng 很 好听 |

5. A：听说您很喜欢运动。
Tīngshuō nín hěn xǐhuan yùndòng.

　B：网球、乒乓球、游泳 什么的，我 都 喜欢。
Wǎngqiú, pīngpāngqiú, yóuyǒng shénmede, wǒ dōu xǐhuan.

| | | | |
|---|---|---|---|
| yùndòng 运动 | lánqiú 篮球 | páiqiú 排球 | yǔmáoqiú 羽毛球 |
| yùndòng 运动 | tī zúqiú 踢 足球 | huábīng 滑冰 | pǎobù 跑步 |
| hē jiǔ 喝酒 | báijiǔ 白酒 | pútaojiǔ 葡萄酒 | píjiǔ 啤酒 |

6. A：您什么时候有空儿，咱们一起打球吧。
Nín shénme shíhou yǒu kòngr, zánmen yìqǐ dǎ qiú ba.

　B：好啊。
Hǎo a.

| | |
|---|---|
| kàn diànyǐng 看 电影 | chī fàn 吃 饭 |
| tīng yīnyuèhuì 听 音乐会 | tiàowǔ 跳舞 |
| qù gōngyuán sànbù 去 公园 散步 | chànggē 唱歌 |

7. A：你唱歌 唱 得真 棒！
Nǐ chànggē chàng de zhēn bàng!

　B：哪里，哪里。
Nǎlǐ, nǎlǐ.

| | |
|---|---|
| shuō Hànyǔ 说 汉语 | tán gāngqín 弹 钢琴 |
| xiě Hànzì 写 汉字 | zuòfàn 做饭 |
| huábīng 滑冰 | dǎ lánqiú 打 篮球 |

Wǒ xiǎng xuéxue Zhōngwéngē, nǐ néng bu néng jiāojiao wǒ?
8. A：我 想 学学 中文歌，你 能 不 能 教教 我？

Méi wèntí.
　　B：没 问题。

| | |
|---|---|
| Yīngwén<br>英 文 | tán gāngqín<br>弹 钢琴 |
| yǔmáoqiú<br>羽毛球 | zuò Zhōngguócài<br>做 中国菜 |
| tiàowǔ<br>跳舞 | xiě wénzhāng<br>写 文章 |

Nǐ měi tiān shuì de tài wǎn, zhèyàng duì shēntǐ bù hǎo.
9. 你 每天 睡 得 太 晚，这样 对 身体 不好。

| |
|---|
| hē jiǔ hē de tài duō<br>喝酒 喝 得 太 多 |
| chī fàn chī de tài kuài<br>吃饭 吃 得 太 快 |
| měi tiān dōu bú yùndòng<br>每 天 都 不 运动 |
| hē kāfēi hē de tài duō<br>喝咖啡 喝 得 太 多 |

（二）看图，用 "V+O+V 得 +adj." 说话 **Talk about the pictures with "V+O+V 得 +adj."**

1.

Zhēnyī
真一 ＿＿＿＿＿＿＿＿＿＿，

Měizǐ
美子 ＿＿＿＿＿＿＿＿＿。

2.

Jiějie 姐姐＿＿＿＿＿＿＿＿＿＿＿＿，mèimei 妹妹＿＿＿＿＿＿＿＿＿＿＿。

3.

Níkě měi tiān 尼可每天＿＿＿＿＿＿＿＿＿＿＿，búguò tā 不过他＿＿＿＿＿＿＿＿＿＿＿。

4.

Níkě 尼可＿＿＿＿＿＿＿＿＿＿＿，búguò Mǎlì 不过 玛丽＿＿＿＿＿＿＿＿＿＿＿。

### 三、听对话 Listen to the dialogue

### （一）听后选择正确答案 Choose the right answer after listening

1. A. 宿舍很大     B. 有点儿乱
<br>     sùshè hěn dà     yǒudiǎnr luàn
<br>    C. 布置得很好看     D. 没有人收拾
<br>     bùzhì de hěn hǎokàn     méiyǒu rén shōushi

2. A. 周一     B. 周四     C. 周五     D. 周末
<br>     Zhōuyī     Zhōusì     Zhōuwǔ     zhōumò

3. A. 学习     B. 写作业     C. 运动     D. 收拾房间
<br>     xuéxí     xiě zuòyè     yùndòng     shōushi fángjiān

4. A. 不喜欢运动     B. 羽毛球打得不错
<br>     bù xǐhuan yùndòng     yǔmáoqiú dǎ de búcuò
<br>    C. 周末睡得很晚     D. 房间很整齐
<br>     zhōumò shuì de hěn wǎn     fángjiān hěn zhěngqí

5. A. 周末去运动     B. 喜欢踢足球
<br>     zhōumò qù yùndòng     xǐhuan tī zúqiú
<br>    C. 学习很努力     D. 不会打羽毛球
<br>     xuéxí hěn nǔlì     bú huì dǎ yǔmáoqiú

### （二）听后填空 Fill in the blanks after listening

1. 美丽的房间收拾得很_____，_____得很漂亮。
<br>    Měilì de fángjiān shōushi de hěn     de hěn piàoliang.

2. 美丽周一到周五_____得_____，没时间收拾房间。
<br>    Měilì Zhōuyī dào Zhōuwǔ     de     méi shíjiān shōushi fángjiān.

3. 丁兰打羽毛球_____还可以，美丽_____不太好。
<br>    Dīng Lán dǎ yǔmáoqiú     hái kěyǐ,     Měilì     bú tài hǎo.

4. 美丽周末没有时间_____，因为她要_____。
<br>    Měilì zhōumò méiyǒu shíjiān     yīnwèi tā yào

## 四、听短文　Listen to the passage

### （一）听后选择正确答案　Choose the right answer after listening

1. A. 听力 (tīnglì)    B. 语法 (yǔfǎ)    C. 汉字 (Hànzì)    D. 口语 (kǒuyǔ)

2. A. 没有意思 (méiyǒu yìsi)    B. 很难 (hěn nán)    C. 很清楚 (hěn qīngchu)    D. 不太好 (bú tài hǎo)

3. A. 滑冰 (huábīng)    B. 跑步 (pǎobù)    C. 游泳 (yóuyǒng)    D. 打羽毛球 (dǎ yǔmáoqiú)

4. A. 游泳 (yóuyǒng)    B. 唱歌 (chànggē)    C. 吃饭 (chī fàn)    D. 打乒乓球 (dǎ pīngpāngqiú)

5. A. 教我打网球 (jiāo wǒ dǎ wǎngqiú)    B. 教我说汉语 (jiāo wǒ shuō Hànyǔ)
   C. 一起去游泳 (yìqǐ qù yóuyǒng)    D. 一起去唱歌 (yìqǐ qù chànggē)

### （二）听后根据所给关键词复述课文　Retell the text with the key words after listening

Wáng Xiǎochuān shì……，tā……kǒuyǔkè。Tā jiǎng de……，yě hěn yǒu……，
王小川是……，他……口语课。他讲得……，也很有……，

tóngxuémen dōu……。Tā de àihào hěn duō，wǎngqiú、pīngpāngqiú、yóuyǒng……，tā
同学们都……。他的爱好很多，网球、乒乓球、游泳……，他

dōu……。Tā chànggē……，tiàowǔ yě……。Xiàkè yǐhòu，tā chángcháng……。
都……。他唱歌……，跳舞也……。下课以后，他常常……。

Yǒushíhou wǒmen yìqǐ……，yǒushíhou yìqǐ……、……，fēicháng gāoxìng。
有时候我们一起……，有时候一起……、……，非常高兴。

Wǒ yě hěn xǐhuan……，búguò……。Xiàcì wǒ……de shíhou，xiǎng qǐng Wáng
我也很喜欢……，不过……。下次我……的时候，想请王

lǎoshī yìqǐ qù，qǐng tā……。
老师一起去，请他……。

## 五、课堂活动　Activities

### （一）给哥哥找个女朋友　Find a girlfriend for your brother

小红和小丽都很喜欢哥哥，你给哥哥介绍她们的优点，让哥哥选一

选。例如：

Xiaohong and Xiaoli both likes your brother very much. Please introduce their advantages to your brother and then ask him to choose one. For example:

Xiǎohóng zuòfàn zuò de hěn hǎochī,　tā…
小红 做饭 做 得 很 好吃，她……

Xiǎolì zhǎng de fēicháng piàoliang, tā…
小丽 长 得 非常 漂亮，她……

## （二）小采访：谈谈你的爱好 Small survey：Talk about your hobbies

问三位朋友下面两个问题 Ask three friends these two questions below

Nǐ de àihào shì shénme?
1.你的 爱好 是 什么？

de zěnmeyàng?
2.（VO）V 得 怎么样？

Dì-shíqī kè　Tāmen mǎile hěn duō dōngxi
# 第 17 课　她们 买了 很 多 东西

## 一、生词 New words

| 序号 | 词语 | 拼音 | 词性 | 意思 |
|------|------|------|------|------|
| 1 | 搬家[3] | bānjiā | 动 | |
| 2 | 比赛[3] | bǐsài | 动/名 | |
| 3 | 郊区[5] | jiāoqū | 名 | |
| 4 | 大衣[2] | dàyī | 名 | |
| 5 | 豆汁儿* | dòuzhīr | 名 | |
| 6 | 串[6] | chuàn | 名 | |
| 7 | 帽子[4] | màozi | 名 | |
| 8 | 辛苦[5] | xīnkǔ | 形 | |
| 9 | 痛快[4] | tòngkuai | 形 | |
| 10 | 半天[1] | bàntiān | 名 | |
| 11 | 录音[3] | lùyīn | 名/动 | |
| 12 | 班长[2] | bānzhǎng | 名 | |
| 13 | 节目[2] | jiémù | 名 | |
| 14 | 奇怪[3] | qíguài | 形 | |
| 15 | 提[2] | tí | 动 | |
| 16 | 爬[2] | pá | 动 | |
| 17 | 山[1] | shān | 名 | |
| 18 | 汉堡* | hànbǎo | 名 | |
| 19 | 各[3] | gè | 代 | |
| 20 | 种[3] | zhǒng | 量 | |
| 21 | 样[6] | yàng | 量 | |
| 22 | 场[2] | chǎng | 量 | |

**专有名词 Proper nouns**

| | | | |
|---|---|---|---|
| 1. | 工人体育馆 | Gōngrén Tǐyùguǎn | Workers' Stadium |
| 2. | 北京饭店 | Běijīng Fàndiàn | Beijing Hotel |
| 3. | 麦当劳 | Màidāngláo | McDonald's |
| 4. | 王府井 | Wángfǔjǐng | Wangfujing |

## 二、重点句式操练 Pattern drills

### （一）替换练习 Substitution drills

1. A：Zuótiān nǐ zuò shénme le?
   昨天你做什么了?

   B：Zuótiān wǒ hé Dīng Lán qù guàng Qiánmén le.
   昨天我和丁兰去逛前门了。

> hé péngyou yìqǐ qù chànggē
> 和朋友一起去KTV唱歌
>
> qù bāng péngyou bānjiā
> 去帮朋友搬家
>
> qù Gōngrén Tǐyùguǎn kàn lánqiú bǐsài
> 去工人体育馆看篮球比赛
>
> hé jiārén qù jiāoqū wánr
> 和家人去郊区玩儿
>
> qù chāoshì mǎi dōngxi
> 去超市买东西
>
> qù Běijīng Fàndiàn chī fàn
> 去北京饭店吃饭

2. A：Nǐmen mǎi shénme le?
   你们买什么了?

   B：Wǒmen mǎile yì shuāng xié hé yì tiáo qúnzi.
   我们买了一双鞋和一条裙子。

> chī liǎng gè cài hé yì zhǒng xiǎochī
> 吃　两个菜和一种小吃
>
> hē yì bēi nǎichá hé yì bēi kāfēi
> 喝　一杯奶茶和一杯咖啡
>
> mǎi liǎng jiàn chènshān hé yí jiàn dàyī
> 买　两件衬衫和一件大衣

3. A：Nǐmen mǎi kùzi le ma?
    你们 买 裤子 了 吗？

   B：Wǒ mǎile. Dīng Lán méi mǎi.
    我 买了，丁 兰 没 买。

| | |
|---|---|
| hē dòuzhīr 喝 豆汁儿 | wǒ jiějie 我 姐姐 |
| chī yángròuchuàn 吃 羊肉串 | wǒ péngyou 我 朋友 |
| hē píjiǔ 喝 啤酒 | Mǎlì 玛丽 |
| shōushi fángjiān 收拾 房间 | Ānnà 安娜 |
| mǎi màozi 买 帽子 | Lǐ Qiáng 李 强 |

4. A：Nǐmen chànggē chàngle duō cháng shíjiān?
    你们 唱歌 唱了 多 长 时间？

   B：Chàngle sì-wǔ gè xiǎoshí.
    唱了 四五 个 小时。

   A：Wánr de hěn kāixīn ba?
    玩儿 得 很 开心 吧？

   B：Nà hái yòng shuō?
    那 还 用 说 ？

| | | |
|---|---|---|
| bānjiā 搬家 | wǔ-liù gè xiǎoshí 五六 个 小时 | xīnkǔ 辛苦 |
| dǎ yǔmáoqiú 打羽毛球 | liǎng gè duō xiǎoshí 两 个 多 小时 | tòngkuai 痛快 |
| chī fàn 吃饭 | chàbuduō sān gè xiǎoshí 差不多 三 个 小时 | bǎo 饱 |
| kàn bǐsài 看 比赛 | wǔ gè xiǎoshí zuǒyòu 五 个 小时 左右 | gāoxìng 高兴 |
| guàng shāngchǎng 逛 商场 | yí shàngwǔ 一 上午 | lèi 累 |

5. Zǒule yí shàngwǔ, lèi sǐle.
   走了 一 上午，累 死了。

| | |
|---|---|
| chàngle sì-wǔ gè xiǎoshí 唱了 四五个 小时 | kě 渴 |
| tīngle bàntiān lùyīn 听了 半天 录音 | kùn 困 |
| pǎole bàn gè duō xiǎoshí 跑了 半个 多 小时 | lèi 累 |
| guàngle yí xiàwǔ 逛了 一 下午 | è 饿 |

6. Wǒ hái méi mǎi qúnzi ne.
   我 还 没 买 裙子 呢。

| | |
|---|---|
| māma 妈妈 | chī wǎnfàn 吃 晚饭 |
| Ānnà 安娜 | zuò zuòyè 做 作业 |
| Dàwèi 大卫 | fùxí shēngcí 复习 生词 |
| Zhāng lǎoshī 张 老师 | lái jiàoshì 来 教室 |
| bānzhǎng 班长 | biǎoyǎn jiémù 表演 节目 |

Jīntiān shāngdiàn dǎzhé, duō piányi ya!
7. 今天 商店 打折，多 便宜 呀！

| | |
|---|---|
| dàjiā dōu zàijiā<br>大家 都 在家 | rènao<br>热闹 |
| bàba mǎile xīn yīfu<br>爸爸 买了 新 衣服 | gāoxìng<br>高兴 |
| wǒmen yào kǎoshì<br>我们 要 考试 | máng<br>忙 |
| tāmen dōu méi lái<br>他们 都 没 来 | qíguài<br>奇怪 |
| zánmen bān yǒu wǎnhuì<br>咱们 班 有 晚会 | yǒu yìsi<br>有 意思 |

（二）看图，用"V+O+V 了＋时量补语"和"V+ 了＋时量补语 +O"

写句子 Talk about the pictures with "V+O+V 了 +TIME

COMPLEMENT" and "V+ 了 +TIME COMPLEMENT+O"

例：

Tāmen tiàowǔ tiàole liǎng gè xiǎoshí.
他们 跳舞 跳了 两 个 小时。

Tāmen tiàole liǎng gè xiǎoshí (de) wǔ.
他们 跳了 两 个 小时 （的） 舞。

1. ＿＿＿＿＿＿＿＿＿＿＿＿。

＿＿＿＿＿＿＿＿＿＿＿＿。

2. ＿＿＿＿＿＿＿＿＿＿＿。

＿＿＿＿＿＿＿＿＿＿＿。

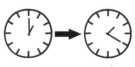

3. _____ 。

　　_____ 。

4. _____ 。

　　_____ 。

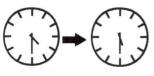

5. _____ 。

　　_____ 。

## 三、听对话 Listen to the dialogue

### （一）听后选择正确答案 Choose the right answer after listening

1. A. 爬山　　　B. 麦当劳　　　C. 逛 商场　　　D. 咖啡馆
　　páshān　　　Màidāngláo　　　guàng shāngchǎng　　　kāfēiguǎn

2. A. 咖啡　　　B. 大衣　　　C. 裙子　　　D. 汉堡
　　kāfēi　　　dàyī　　　qúnzi　　　hànbǎo

3. A. 安娜　　　B. 男朋友　　　C. 同学们　　　D. 丁 兰
　　Ānnà　　　nánpéngyou　　　tóngxuémen　　　Dīng Lán

4. A. 今天 不 太 开心　　　B. 非常 喜欢 爬山
　　jīntiān bú tài kāixīn　　　fēicháng xǐhuan páshān

　　C. 喜欢 吃 麦当劳　　　D. 不 爱 吃 中国菜
　　xǐhuan chī Màidāngláo　　　bú ài chī Zhōngguócài

5. A. 玛丽 他们 爬山 比较 容易。
　　Mǎlì tāmen páshān bǐjiào róngyì.

Mǎlì  yě  hěn  xiǎng  qù shāngchǎng mǎi dōngxi.
B. 玛丽 也 很 想 去 商场 买 东西。

Ānnà   juéde  chī Màidāngláo hěn yǒu  yìsi.
C. 安娜 觉得 吃 麦当劳 很 有 意思。

Mǎlì   hé nánpéngyou liǎng gè rén qù páshān.
D. 玛丽 和 男朋友 两 个 人 去 爬山。

## （二）听后填空 Fill in the blanks after listening

Zěnme méi                    gàosu wǒ ne?  Wǒ yě xiǎng
1. 怎么 没_____告诉 我 呢？ 我 也 想_____。

Nǐ  bú  shì                  chūqù wánr  le ma? Nǐmen qù nǎr  le?
2. 你 不 是_____出去 玩儿 了 吗？ 你们 去 哪儿 了？

                    Wǒmen gēn tā  de péngyoumen qù                le,  wǒ
3. _____！我们 跟 他 的 朋友们 去_____了，我

yìdiǎnr  yě bù
一点儿 也 不_____！

Wǒmen páshān chàbuduō              sì  gè  xiǎoshí
4. 我们 爬山 差不多_____四 个 小时，_____。

Chī Màidāngláo                     Nǐmen yīnggāi qù chī Zhōngguócài.
5. 吃 麦当劳_____！你们 应该 去 吃 中国菜。

## 四、听短文 Listen to the passage

## （一）听后选择正确答案 Choose the right answer after listening

guàng chāoshì        hē  kāfēi        kàn diànyǐng          guàng gōngyuán
1. A. 逛 超市      B. 喝 咖啡      C. 看 电影      D. 逛 公园

rén hěn shǎo         bú  rènao         néng kàn diànyǐng       shāngchǎng bù duō
2. A. 人 很 少      B. 不 热闹      C. 能 看 电影      D. 商场 不 多

yí jiàn  dàyī         yì tiáo qúnzi
3. A. 一件 大衣      B. 一条 裙子

yí jiàn chènshān        shénme yě méi mǎi
   C. 一件 衬衫  D. 什么 也 没 买

jiǔ gè xiǎoshí        yí gè  xiàwǔ        yì tiān          liǎng gè xiǎoshí
4. A. 9 个 小时    B. 一个 下午  C. 一天      D. 两 个 小时

Méi zài Wángfǔjǐng chī wǎnfàn.
5. A. 没 在 王府井 吃 晚饭。

Zuótiān qù            chànggē le.
   B. 昨天 去 KTV 唱歌 了。

Wǎnshang shí diǎn huí sùshè.
   C. 晚 上 十 点 回 宿舍。

Zuótiān wánr  de hěn kāixīn.
   D. 昨天 玩儿 得 很 开心。

## （二）听后根据所给关键词复述课文 Retell the text with the key words after listening

Zuótiān Ānnà hé Dīng Lán yìqǐ…… le. Nàr yǒu…… dà shāngchǎng, rén hěn
昨天 安娜 和 丁 兰 一起……了。那儿 有……大 商场，人 很

duō,…… Shāngchǎng li yǒu kāfēiguǎn、……、……、yǐnliàodiàn hé…… de xiǎo diàn,
多，……。商 场 里 有 咖啡馆、……、……、饮料店 和……的 小 店，

hái yǒu……, nǐ xiǎng mǎi shénme, chī shénme, wánr shénme,…… Ānnà mǎile……,
还 有……，你 想 买 什么，吃 什么，玩儿 什么，……。安娜 买了……，

Dīng Lán mǎile…… Tāmen guàngle……, chīle……, měi rén hái hēle…… Xiàwǔ
丁 兰 买了……。她们 逛了……，吃了……，每 人 还 喝了……。下午

tāmen……, yòu zài nàr……, ……huí xuéxiào. Tāmen wánr de……
她们……，又 在 那儿……，……回 学校。她们 玩儿 得……。

## 五、课堂活动 Activities

## （一）看图说话 Talk about the picture

Měilì qù dòngwùyuán
题目：美丽 去 动物园 Title：Meili went to the zoo

## （二）小采访：周末你做什么了？ Small survey：What did you do in the weekend?

问 3—4 位同学下面三个问题 Ask 3-4 classmates these three questions below

Zhōumò nǐ qù nǎr le?
1.周末 你 去 哪儿 了？

Zuò shénme le?
2.做 什么 了？

le duō cháng shíjiān?
3.V 了 多 长 时间？

## Dì-shíbā kè　Nǐ fùxí hǎo le ma?
# 第 18 课　你复习好了吗？

一、生词 **New words**

| 序号 | 词语 | 拼音 | 词性 | 意思 |
|---|---|---|---|---|
| 1 | 安排[3] | ānpái | 动/名 | |
| 2 | 行李[3] | xíngli | 名 | |
| 3 | 旅行[2] | lǚxíng | 动 | |
| 4 | 计划[2] | jìhuà | 动 | |
| 5 | 发[2] | fā | 动 | |
| 6 | 号码[4] | hàomǎ | 名 | |
| 7 | 记住[1] | jìzhù | | |
| 8 | 花[2] | huā | 动 | |
| 9 | 火锅[7] | huǒguō | 名 | |
| 10 | 外面[3] | wàimian | 名 | |
| 11 | 演唱会[3] | yǎnchànghuì | 名 | |
| 12 | 歌词[6] | gēcí | 名 | |
| 13 | 游戏[3] | yóuxì | 名 | |
| 14 | 赶紧[3] | gǎnjǐn | 副 | |
| 15 | 忘[1] | wàng | 动 | |
| 16 | 肯定[5] | kěndìng | 副 | |
| 17 | 聪明[5] | cōngming | 形 | |
| 18 | 管[3] | guǎn | 动 | |
| 19 | 生气[1] | shēngqì | 动 | |
| 20 | 大部分[2] | dàbùfen | 名 | |

## 二、重点句式操练 Pattern drills

### （一）替换练习 Substitution drills

Xīngqīwǔ de kǎoshì, nǐ fùxí hǎo le ma?
1. A: 星期五的考试，你复习好了吗?

Hái méi fùxí hǎo ne.
   B: 还没复习好呢。

| zhōumò de wǎnhuì 周末的晚会 | zhǔnbèi 准备 |
|---|---|
| jīntiān de wǎnfàn 今天的晚饭 | zuò 做 |
| xiàzhōu de jiàqī 下周的假期 | ānpái 安排 |
| míngtiān de xíngli 明天的行李 | shōushi 收拾 |
| xiàgèyuè de lǚxíng 下个月的旅行 | jìhuà 计划 |

Jīntiān de zuòyè zuòwán le ma?
2. A: 今天的作业做完了吗?

Yǐjīng zuòwán le. / Duìbuqǐ, hái méi zuòwán ne.
   B: 已经做完了。/ 对不起，还没做完呢。

| jīntiān de lùyīn 今天的录音 | tīngwán 听完 |
|---|---|
| gěi lǎobǎn de yóujiàn 给老板的邮件 | fāwán 发完 |
| zhè shǒu Zhōngwéngē 这首中文歌 | xuéhuì 学会 |
| lǎoshī jiǎng de yǔfǎ 老师讲的语法 | tīngdǒng 听懂 |
| jīntiān zǎoshang de bàozhǐ 今天早上的报纸 | kànwán 看完 |
| bàngōngshì de diànhuà hàomǎ 办公室的电话号码 | jìzhù 记住 |

Tīngshuō nǐ zhǎole yí gè yǔbànr.
3. A: 听说你找了一个语伴儿。

Shì a. Tā shì Yīngyǔxì dà-sān de xuésheng.
   B: 是啊。他是英语系大三的学生。

| mǎile yì tiáo xīn qúnzi 买了一条新裙子 | huāle hěn duō qián 花了很多钱 |
|---|---|
| bānjiā le 搬家了 | wǒ xiànzài zhù xuéxiào wàibian 我现在住学校外边 |
| zhǎole yí gè nǚpéngyou 找了一个女朋友 | tā shì gè Zhōngguórén 她是个中国人 |
| zhège zhōumò yào qù pá shān 这个周末要去爬山 | wǒ gēn nánpéngyou yìqǐ qù 我跟男朋友一起去 |
| xiěle yì běn xīn shū 写了一本新书 | wǒ xiě zhè běn shū xiěle liǎng nián 我写这本书写了两年 |
| zhǎole yí wèi fǔdǎo lǎoshī 找了一位辅导老师 | tā shì Fǎyǔxì dà-sì de xuésheng 他是法语系大四的学生 |

Jīntiān wǎnshang yǒukòngr ma? Wǒ xiǎng qǐng nǐ kàn diànyǐng.
4.今天 晚上 有空儿吗？我 想 请你看电影。

| zhège zhōumò | chī huǒguō |
| 这个周末 | 吃火锅 |
| míngtiān wǎnshang | kàn jīngjù |
| 明天　晚上 | 看京剧 |
| xià gè Xīngqīliù | cānjiā jùhuì |
| 下个星期六 | 参加聚会 |
| zhège jiàqī | yìqǐ qù jiāoqū wánr |
| 这个假期 | 一起去郊区玩儿 |
| kǎowán shì yǐhòu | qù guàngjiē |
| 考完试以后 | 去逛街 |

Liù diǎn bàn wǒ zài xuéxiào ménkǒu děng nǐ, bújiàn-búsàn.
5.六点半我在 学校 门口 等 你，不见不散。

| zǎoshang bā diǎn | sùshè ménkǒu |
| 早上 8 点 | 宿舍门口 |
| wǎnshang qī diǎn bàn | diànyǐngyuàn ménkǒu |
| 晚上 7 点半 | 电影院 门口 |
| xiàkè yǐhòu | shízì lùkǒu |
| 下课以后 | 十字路口 |
| kǎowán shì | jiàoshì wàimiàn |
| 考完试 | 教室 外面 |
| xiàwǔ sì diǎn | dìtiězhàn |
| 下午 4 点 | 地铁站 |

Yīnwèi diànyǐng yǒu Yīngwén zìmù, Nǐkě néng kàndǒng.
6.因为 电影有英文字幕，尼可 能 看懂。

| yǎnchànghuì yǒu gēcí | | tīng |
| 演唱会有歌词 | | 听 |
| lǎoshī jiǎng de hěn qīngchu | | tīng |
| 老师 讲 得很 清楚 | | 听 |
| zhè běn shū shēngcí bù duō | | dú |
| 这本书生词不多 | | 读 |
| diànshì jiémù yǒu zìmù | | kàn |
| 电视节目有字幕 | | 看 |

（二）看图，用所给的词语完成对话 **Complete the dialogsues with the words given according to the pictures**

1. A：真一<sup>Zhēnyī</sup>_____了吗？<sup>le ma?</sup>（完）<sup>(wán)</sup>

   B：他<sup>Tā</sup>_____了。<sup>le</sup>

2. A：玛丽<sup>Mǎlì</sup>_____了吗？<sup>le ma?</sup>（对）<sup>(duì)</sup>

   B：她<sup>Tā</sup>_____。

3. A：尼可 和 弟弟<sup>Níkě hé dìdi</sup>_____了吗？<sup>le ma?</sup>（完）<sup>(wán)</sup>

   B：他们<sup>Tāmen</sup>_____。

4. A：美子<sup>Měizǐ</sup>_____了吗？<sup>le ma?</sup>（懂）<sup>(dǒng)</sup>

   B：她<sup>Tā</sup>_____。

5. A：美子<sup>Měizǐ</sup>_____了吗？<sup>le ma?</sup>（好）<sup>(hǎo)</sup>

   B：她<sup>Tā</sup>_____。

三、听对话 Listen to the dialogue

（一）听后选择正确答案 Choose the right answer after listening

1. A. fùxí shēngcí 复习生词　　B. tīng lùyīn 听录音　　C. fā yóujiàn 发邮件　　D. wánr yóuxì 玩儿游戏

2. A. tài duō le 太多了　　B. méi tīngdǒng 没听懂　　C. tài nán le 太难了　　D. dōu wàng le 都忘了

3. A. yǔfǎ dōu dǒng 语法都懂　　　　B. liànxí dōu huì 练习都会

C. tīng kèwén lùyīn le 听课文录音了　　　D. bú tài xǐhuan xuéxí 不太喜欢学习

4. A. bù guǎn Zhēnyī le 不管真一了　　　B. bāng Zhēnyī xuéxí 帮真一学习

C. gěi fùmǔ fā yóujiàn 给父母发邮件　　D. zhǎo Zhēnyī de lǎoshī 找真一的老师

（二）听后判断正误 Judge true or false after listening

1. Měizǐ xiàzhōu yǒu kǎoshì. 美子下周有考试。　　（　　）

2. Yǔfǎ lǎoshī jiǎng de bù qīngchu. 语法老师讲得不清楚。　　（　　）

3. Liànxí Zhēnyī bú huì huídá. 练习真一不会回答。　　（　　）

4. Měizǐ dǎsuan tīng lùyīn. 美子打算听录音。　　（　　）

5. Zhēnyī bù xuéxí, Měizǐ shēngqì le. 真一不学习，美子生气了。　　（　　）

四、听短文 Listen to the passage

（一）听后选择正确答案 Choose the right answer after listening

1. A. shàngle liǎng gè duō xiǎoshí kè 上了两个多小时课

B. kànle yì chǎng jīngjù biǎoyǎn 看了一场京剧表演

C. qù gōngyuán sànle yíhuìr bù
去 公 园 散了 一会儿 步

D. kǎoshì kǎole liǎng gè duō xiǎoshí
考试 考了 两 个 多 小时

2. A. àiqíngpiàn 爱情片　　B. wǔdǎpiàn 武打片　　C. dònghuàpiàn 动画片　　D. kēhuànpiàn 科幻片

3. A. bú tài yǒu yìsi 不太 有 意思　　B. yǒu Zhōngwén zìmù 有 中 文 字幕

C. zài xuéxiào lǐbian kànde 在 学校 里边 看的　　D. wǒmen dōu néng kàndǒng 我们 都 能 看懂

4. A. yǒu rén zài tiàowǔ 有人 在 跳舞　　B. wǎnshang rén bù duō 晚 上 人 不 多

D. méiyǒu rén pǎobù 没有 人 跑步　　D. yǒu rén zài chànggē 有人 在 唱歌

5. A. pǎole yíhuìr bù 跑了 一会儿 步　　B. kànle yì chǎng diànyǐng 看了 一 场 电影

C. yòng Yīngyǔ liáotiānr 用 英语 聊天儿　　D. xuéle yíhuìr jīngjù 学了 一会儿 京剧

## （二）听后根据所给关键词复述课文 Retell the text with the key words after listening

Jīntiān xiàwǔ wǒmen yǒu……, hěn nán, kǎole……,tóngxuémen dōu lèi
今天 下午 我们 有……, 很 难, 考了……。……, 同学们 都 累

sǐle. Wǎnshang wǒmen dōu……, yìqǐ qù xuéxiào fùjìn de diànyǐngyuàn……。Zhè shì yí
死了。晚 上 我们 都……, 一起 去 学校 附近 的 电影院……。这是 一

bù……, hěn yǒu yìsi. Yīnwèi……, wǒmen dōu……
部……, 很 有 意思。因为……, 我们 都……。

……,wǒmen yòu yìqǐ qù gōngyuán……。Gōngyuán li rén hěn duō,……。Yǒude
……, 我们 又 一起 去 公园……。公园 里 人 很 多,……。有 的

rén……, yǒude rén zài pǎobù, hái yǒude rén……。Tāmen chàng de……, dàbùfen
人……, 有的人 在 跑步, 还 有的 人……。他们 唱 得……, 大部分

wǒ……. Wǒmen yòng Hànyǔ……, hái……, wánr de……
我……。我们 用 汉语……, 还……, 玩儿 得……。

## 五、课堂活动 Activities

## （一）看图说话 Talk about the picture

题目：Shēngrì jùhuì 生日 聚会 Title：Birthday party

**（二）小采访：晚会准备好了吗？** **Small survey：Is the party ready?**

　　下周有个晚会，同学们准备了吃的，还准备了一些节目。请你问问大家准备得怎么样了 There will be a party next week, and the students have prepared food and some programs. Please ask how the preparations are going

## Dì-shíjiǔ kè  Mǎlì jiùyào huíguó le
# 第 19 课  玛丽就要 回国 了

**一、生词 New words**

| 序号 | 词语 | 拼音 | 词性 | 意思 |
|------|------|------|------|------|
| 1 | 电梯[4] | diàntī | 名 | |
| 2 | 安装[3] | ānzhuāng | 动 | |
| 3 | 签证[5] | qiānzhèng | 名 | |
| 4 | 办[2] | bàn | 动 | |
| 5 | 房子[1] | fángzi | 名 | |
| 6 | 租[2] | zū | 动 | |
| 7 | 修[3] | xiū | 动 | |
| 8 | 马上[1] | mǎshang | 副 | |
| 9 | 开学[2] | kāixué | 动 | |
| 10 | 到期[6] | dàoqī | 动 | |
| 11 | 开[1] | kāi | 动 | |
| 12 | 出国[2] | chūguó | 动 | |
| 13 | 留学[3] | liúxué | 动 | |
| 14 | 暑假[4] | shǔjià | 名 | |
| 15 | 应该[2] | yīnggāi | 动 | |
| 16 | 平时[2] | píngshí | 名 | |
| 17 | 南方[2] | nánfāng | 名 | |
| 18 | 合适[2] | héshì | 形 | |

| 序号 | 词语 | 拼音 | 词性 | 意思 |
|---|---|---|---|---|
| 19 | 夏天[2] | xiàtiān | 名 | |
| 20 | 老家[4] | lǎojiā | 名 | |
| 21 | 天气[1] | tiānqì | 名 | |
| 22 | 农村[3] | nóngcūn | 名 | |
| 23 | 票[1] | piào | 名 | |
| 24 | 关[1] | guān | 动 | |
| 25 | 打算[2] | dǎsuan | 动 / 名 | |
| 26 | 觉得[1] | juéde | 动 | |
| 27 | 拍[3] | pāi | 动 | |
| 28 | 可能[2] | kěnéng | 动 / 形 / 名 | |

## 二、重点句式操练 Pattern drills

### （一）替换练习 Substitution drills

Dōngxi shōushi hǎo le ma?
1. A：东西 收拾 好 了 吗？
Kuài (yào) shōushi hǎo le.
   B：快（要）收拾 好 了。

| xīn diàntī 新 电 梯 | ānzhuāng 安 装 |
|---|---|
| qiānzhèng 签 证 | bàn 办 |
| wǎnhuì de jiémù 晚会 的 节目 | zhǔnbèi 准备 |
| jīntiān de yǔfǎ 今天 的 语法 | fùxí 复习 |
| fángzi 房子 | zū 租 |
| kōngtiáo 空 调 | xiū 修 |

Jīntiān de zuòyè zuòwán le ma?
2. A：今天 的 作业 做完 了 吗？
Mǎshàng jiùyào zuòwán le.
   B：马上 就要 做完 了。

| jīntiān de lùyīn 今天 的 录音 | tīng 听 |
|---|---|
| gěi lǎobǎn de yóujiàn 给 老板 的 邮件 | xiě 写 |
| jīntiān zǎoshang de bàozhǐ 今天 早上 的 报纸 | kàn 看 |
| zhè běn shū 这 本 书 | xué 学 |

3.
Hái yǒu shí fēnzhōng wǒmen jiùyào xiàkè le.
还有 十 分钟 我们 就要 下课 了。

| sān tiān | wǒmen bān | kǎoshì |
|---|---|---|
| 三 天 | 我们 班 | 考试 |
| yí gè xīngqī | xuéxiào | kāixué |
| 一 个 星期 | 学校 | 开学 |
| jǐ fēnzhōng | diànyǐng | kāishǐ |
| 几 分钟 | 电影 | 开始 |
| shí tiān | qiānzhèng | dàoqī |
| 十 天 | 签 证 | 到期 |
| bàn gè xiǎoshí | gāotiě | kāi |
| 半 个 小时 | 高铁 | 开 |
| yí gè yuè | wǒmen | bìyè |
| 一 个 月 | 我们 | 毕业 |

4.
Mǎlì yào huíguó le, wǒmen gěi tā jiànxíng.
玛丽 要 回国 了，我们 给 她 饯行。

| Lǐ Qiáng | chūguó liúxué |
|---|---|
| 李 强 | 出国 留学 |
| jiějie | shàng dàxué |
| 姐姐 | 上 大学 |
| Mǎ Yì | qù Shànghǎi gōngzuò |
| 马 义 | 去 上海 工作 |
| tóngwū | fàngjià huíjiā |
| 同屋 | 放假 回家 |

5.
Xuéxiào xībian xīn kāile yì jiā kǎoyādiàn.
学校 西边 新 开了 一 家 烤鸭店。

| wǒ jiā fùjìn | yínháng |
|---|---|
| 我 家 附近 | 银行 |
| nánmén pángbiān | shūdiàn |
| 南门 旁边 | 书店 |
| shítáng sān céng | fànguǎn |
| 食堂 三 层 | 饭馆 |
| xuéxiào duìmiàn | xiūchēdiàn |
| 学校 对面 | 修车店 |
| dìtiězhàn dōngbian | yīyuàn |
| 地铁站 东边 | 医院 |

6.
Yàoshi bù chángchang Quánjùdé de kǎoyā,
要是 不 尝 尝 全聚德 的 烤鸭，
nà jiù tài yíhàn le.
那 就 太 遗憾 了。

| pá yí cì Cháng Chéng |
|---|
| 爬 一 次 长 城 |
| kànkan jīngjù |
| 看看 京剧 |
| cānguān yíxià Gù Gōng |
| 参观 一下 故 宫 |
| qù nánfāng kànkan |
| 去 南方 看看 |

（二）看图，用所给的提示词语造句 **Make sentences with the given words according to the pictures**

1.

jiùyào...    le
（就要……了）

_____。

2.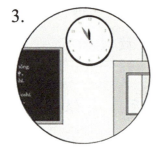

jiùyào...    le
（就要……了）

_____。

3.

kuàiyào...    le
（快要……了）

_____。

4.

yàoshi...    jiù
（要是……就）

_____。

5.

yàoshi...    jiù
（要是……就）

_____。

三、听对话 **Listen to the dialogue**

## （一）听后选择正确答案 Choose the right answer after listening

1. A. yǒu yí gè duō xīngqī
有一个多星期
   B. yǒu yí gè bàn yuè
有一个半月
   C. yǐjīng kāishǐ le
已经开始了
   D. zhàngfu bú fàngjià
丈夫不放假

2. A. gōngzuò bú tài máng
工作不太忙
   B. bù xiǎng qù nánfāng
不想去南方
   C. hěn huì mǎi dōngxi
很会买东西
   D. lǎojiā zài nóngcūn
老家在农村

3. A. qù nánfāng
去南方
   B. huí lǎojiā
回老家
   C. zài jiāli
在家里
   D. qù shāngchǎng
去商场

4. A. zuò gāotiě
坐高铁
   B. kāichē
开车
   C. zuò fēijī
坐飞机
   D. bù qīngchu
不清楚

## （二）听后判断正误 Judge true or false after listening

1. Bái lǎoshī hé zhàngfu yǐjīng fàng shǔjià le.
白老师和丈夫已经放暑假了。　（　　）

2. Zhàngfu juéde jiàqī yīnggāi zàijiā xiūxi.
丈夫觉得假期应该在家休息。　（　　）

3. Bái lǎoshī de zhàngfu shì nánfāngrén.
白老师的丈夫是南方人。　（　　）

4. Zhàngfu de gēge yào jiéhūn le.
丈夫的哥哥要结婚了。　（　　）

5. Tāmen zhōumò qù shāngchǎng mǎi lǐwù.
他们周末去商场买礼物。　（　　）

四、听短文 **Listen to the passage**

**（一）听后选择正确答案 Choose the right answer after listening**

1. A. xīnnián dào le
新年到了
B. Dīng Lán guò shēngrì
丁兰过生日
C. Kǎowán shì le
考完试了
D. yào bìyè le
要毕业了

2. A. pāi zhàopiàn
拍照片
B. biǎoyǎn jiémù
表演节目
C. wánr yóuxì
玩儿游戏
D. liáotiānr
聊天儿

3. A. yǐnliào
饮料
B. shuǐguǒ
水果
C. niúnǎi
牛奶
D. mǐfàn
米饭

4. A. shàngkè
上课
B. huíguó
回国
C. mǎi dōngxi
买东西
D. kàn lǎoshī
看老师

5. A. bù xiǎng cānjiā wǎnhuì
不想参加晚会
B. jīntiān qù shāngchǎng le
今天去商场了
C. kuàiyào bìyè le
快要毕业了
D. zhōuliù kěnéng lái
周六可能来

**（二）听后根据所给关键词复述课文 Retell the text with the key words after listening**

Shíjiān……, tóngxuémen mǎshàng……。 Wǒmen dǎsuan Zhōuliù zài sùshè, dàjiā
时间……，同学们马上……。我们打算周六在宿舍……，大家

yìqǐ chī fàn、liáotiānr、……, hái yào……。 Jīntiān xiàwǔ wǒmen gēn Bái lǎoshī shuō
一起吃饭、聊天儿、……，还要……。今天下午我们跟白老师说

le, qǐng tā yě lái. Lǎoshī shuō yàoshi Xīngqīliù……, jiù……。
了，请她也来。老师说要是星期六……，就……。

Jīntiān Xīngqīwǔ, wǒ hé Dīng Lán…… mǎi dōngxi. Wǒmen…… cái qù de, shāngchǎng
今天星期五，我和丁兰……买东西。我们……才去的，商场

kuài…… le, wǒmen zhǐ mǎile……。 Míngtiān shàngwǔ wǒmen……。 Péngyoumen dōu yào……
快……了，我们只买了……。明天上午我们……。朋友们都要……

le, wǒmen xiǎng yìqǐ……。
了，我们想一起……。

## 五、课堂活动 Activities

### （一）看图说话 Talk about the picture

题目：准备 考试 Title：Preparing for the exam
_Zhǔnbèi kǎoshì_

### （二）小采访：毕业后的打算 Small survey：Plan after graduation

马上就要毕业了，请你问 3—4 位同学，毕业以后有什么打算 The students will graduate very soon. Please ask 3-4 students about their plans after graduation

# 第 20 课　祝 你 一 路 平 安！

## 一、生词 New words

| 序号 | 词语 | 拼音 | 词性 | 意思 |
|---|---|---|---|---|
| 1 | 套餐⁴ | tàocān | 名 | |
| 2 | （一）边¹ | (yì) biān | 副 | |
| 3 | 退休³ | tuìxiū | 动 | |
| 4 | 照顾² | zhàogù | 动 | |
| 5 | 打工² | dǎgōng | 动 | |
| 6 | 继续³ | jìxù | 动 | |
| 7 | 辞职⁵ | cízhí | 动 | |
| 8 | 音乐² | yīnyuè | 名 | |
| 9 | 本科⁴ | běnkē | 名 | |
| 10 | 地方¹ | dìfang | 名 | |
| 11 | 顺利² | shùnlì | 形 | |
| 12 | 生活² | shēnghuó | 名/动 | |
| 13 | 幸福³ | xìngfú | 形 | |
| 14 | 出发² | chūfā | 动 | |
| 15 | 开会¹ | kāihuì | 动 | |
| 16 | 告别³ | gàobié | 动 | |
| 17 | 舍不得⁵ | shěbude | 动 | |
| 18 | 约³ | yuē | 动 | |

| 序号 | 词语 | 拼音 | 词性 | 意思 |
|---|---|---|---|---|
| 19 | 不敢当[5] | bùgǎndāng | 动 | |
| 20 | 送[1] | sòng | 动 | |
| 21 | 交[2] | jiāo | 动 | |
| 22 | 了解[4] | liǎojiě | 动 | |

**专有名词 Proper nouns**

1. 烤牛肉　　kǎoniúròu　　roast beef

2. 水煮肉　　shuǐzhǔròu　　boiled meat

3. 糖醋排骨　tángcù páigǔ　sweet and sour spare ribs

4. 酸菜鱼　　suāncàiyú　　boiled fish with pickled cabbage and chili

**二、重点句式操练 Pattern drills**

**（一）替换练习 Substitution drills**

Xiǎng chī shénme suíbiàn diǎn, jīntiān wǒ qǐngkè.
1. A: 想 吃 什么 随便 点，今天 我 请客。
Lái zhī Běijīng kǎoyā ba.
B: 来 只 北京 烤鸭 吧。

| | | |
|---|---|---|
| chī | hànbǎo tàocān | (fèn) |
| 吃 | 汉堡 套餐 | （份） |
| hē | báijiǔ | (píng) |
| 喝 | 白酒 | （瓶） |
| hē | kāfēi | (bēi) |
| 喝 | 咖啡 | （杯） |
| hē | píjiǔ | (píng) |
| 喝 | 啤酒 | （瓶） |
| chī | niúròumiàn | (wǎn) |
| 吃 | 牛肉面 | （碗） |

2. A：Nǐ néng chī là de ma? Gōngbǎo jīdīng shì zhèr de náshǒucài.
你能吃辣的吗？宫保鸡丁是这儿的拿手菜。

B：Méi wèntí.
没问题。

| ài chī niúròu 爱吃牛肉 | kǎoniúròu 烤牛肉 |
|---|---|
| néng chī là de 能吃辣的 | shuǐzhǔròu 水煮肉 |
| xǐhuan chī tián de 喜欢吃甜的 | tángcù páigǔ 糖醋排骨 |
| xǐhuan suān de 喜欢酸的 | suāncàiyú 酸菜鱼 |

3. A：Huíguó yǐhòu, nǐ yǒu shénme dǎsuan?
回国以后，你有什么打算？

B：Wǒ xiǎng yìbiān xuéxí Hànyǔ, yìbiān zhǎo gōngzuò.
我想一边学习汉语，一边找工作。

| bìyè 毕业 | zhǎo gōngzuò 找工作 | zhǔnbèi kǎo yánjiūshēng 准备考研究生 |
|---|---|---|
| tuìxiū 退休 | zhàogù jiārén 照顾家人 | xué gāngqín 学钢琴 |
| huí lǎojiā 回老家 | dǎgōng 打工 | jìxù xuéxí 继续学习 |
| cízhí 辞职 | xiūxi 休息 | zhǎo xīn gōngzuò 找新工作 |

4. A：Xiànzài gōngzuò hǎo zhǎo ma?
现在工作好找吗？

B：Hái kěyǐ, hěn duō gōngsī dōu xūyào huì Hànyǔ de rén.
还可以，很多公司都需要会汉语的人。

| bú tài róngyì 不太容易 | huì Yīngyǔ de rén tài duō le 会英语的人太多了 |
|---|---|
| hái kěyǐ 还可以 | bù shǎo xuéxiào xūyào jiāo yīnyuè de lǎoshī 不少学校需要教音乐的老师 |
| bǐjiào nán 比较难 | hěn duō gōngsī bù xiǎng yào běnkē bìyèshēng 很多公司不想要本科毕业生 |
| tǐng hǎo zhǎo de 挺好找的 | hěn duō dìfang xūyào dǒng diànnǎo de rén 很多地方需要懂电脑的人 |

Zhù nǐ zhǎodào lǐxiǎng de gōngzuò.
5.祝你<u>找到理想的工作</u>。

| xuéxí jìnbù<br>学习 进步 | gōngzuò shùnlì<br>工作 顺利 |
| --- | --- |
| shēnghuó xìngfú<br>生活 幸福 | xīnnián kuàilè<br>新年 快乐 |
| yí lù píng'ān<br>一路 平安 | |

Shíjiān bù zǎo le, nǐ kuài jìnqu ba.
6.时间不早了，<u>你快进去</u>吧。

| nǐ kuài xiūxi<br>你 快 休息 | wǒmen chūfā<br>我们 出发 |
| --- | --- |
| nǐ kuài qǐchuáng<br>你 快 起床 | kuài zuò zuòyè<br>快 做 作业 |
| kāishǐ kāihuì<br>开始 开会 | |

## （二）根据提示，用不同的补语完成句子 Finish the sentences with different complements according to the words given in the blanks

Níkě yóuyǒng
1.尼可 游泳＿＿＿＿＿＿＿＿＿。 （V 得很快）

Fēijīpiào                le, xià Zhōuèr de.
2.飞机票＿＿＿＿＿＿＿了，下周二的。 （V+ 到）

Zuótiān wǒ fùxí shēngcí                hǎo jǐ gè xiǎoshí
3.昨天我复习生词＿＿＿＿＿＿＿＿。 （好几个小时）

Nà běn shū wǒ                wán
4.那本书我＿＿＿＿＿＿＿＿。 （V+ 完）

Zhè zhāng zhàopiàn                shì zài nǎr pāide?        de búcuò
5.这 张 照片＿＿＿＿＿＿＿，是在哪儿拍的？ （V 得不错）

## 三、听对话 Listen to the dialogue

## （一）听后选择正确答案 Choose the right answer after listening

hái méi xiǎnghǎo zuò shénme        zài zìjǐ guójiā dú dàxué
1.A.还没想好做什么        B.在自己国家读大学

dào yì jiā gōngsī gōngzuò
C. 到一家公司工作

biān zhǎo gōngzuò biān xué Hànyǔ
D. 边找工作边学汉语

tā bù xǐhuan Mǎlì
2. A. 她不喜欢玛丽

xīwàng tā zài lái Zhōngguó
B. 希望她再来中国

xiǎng ràng tā xuéxí Hànyǔ
C. 想让她学习汉语

xiànzài gōngzuò bù hǎo zhǎo
D. 现在工作不好找

dú yánjiūshēng
3. A. 读研究生

chūguó liúxué
B. 出国留学

dāng Hànyǔ lǎoshī
C. 当汉语老师

zhǎo yí gè gōngzuò
D. 找一个工作

Zhù nǐ xuéxí jìnbù!
4. A. 祝你学习进步！

Zhù nǐ xīnnián kuàilè!
B. 祝你新年快乐！

Zhù nǐ yí lù píng'ān!
C. 祝你一路平安！

Zhù nǐ gōngzuò shùnlì!
D. 祝你工作顺利！

## （二）听后判断正误 Judge true or false after listening

Mǎlì xià gè xīngqī huíguó.
1. 玛丽下个星期回国。 （　　）

Xiànzài gōngzuò bú tài hǎo zhǎo.
2. 现在工作不太好找。 （　　）

Dīng Lán xiànzài shì běnkēshēng.
3. 丁兰现在是本科生。 （　　）

Dīng Lán xiǎng dāng Hànyǔ lǎoshī.
4. 丁兰想当汉语老师。 （　　）

Dīng Lán míngtiān bù néng qù sòng Mǎlì.
5. 丁兰明天不能去送玛丽。 （　　）

## 四、听短文 Listen to the passage

## （一）听后选择正确答案 Choose the right answer after listening

jīnnián Yīyuè
1. A. 今年1月

qùnián Jiǔyuè
B. 去年9月

jīnnián Sìyuè
C. 今年4月

qùnián Yīyuè
D. 去年1月

liǎojiě Zhōngguó wénhuà
2. A. 了解中国文化

xuéxí Hànyǔ
B. 学习汉语

chī Zhōngguócài
C. 吃中国菜

qù lǚxíng
D. 去旅行

zài dòngwùyuán gōngzuò
3. A. 在动物园工作

xǐhuan xuéxí Hànyǔ
B. 喜欢学习汉语

bú huì shuō Yīngyǔ
C. 不会说英语

míngtiān yào huíguó
D. 明天要回国

4. A. 继续 上 大学　　　B. 不 想 学 汉语
jìxù shàng dàxué　　　bù xiǎng xué Hànyǔ

C. 交 中国 朋友　　　D. 用 汉语 工作
jiāo Zhōngguó péngyou　　　yòng Hànyǔ gōngzuò

## （二）听后根据所给关键词复述课文 Retell the text with the key words after listening

……，我 和 同学们 来到 北京，开始 在 这里……。明天 我 和
wǒ hé tóngxuémen láidào Běijīng, kāishǐ zài zhèli Míngtiān wǒ hé

同学们……，大家 都……。这 一 年，我们 一起……，一起 旅行，
tóngxuémen dàjiā dōu Zhè yì nián, wǒmen yìqǐ yìqǐ lǚxíng,

一起……，一起……，还 交 了 不 少 中国 朋友。……的 时候，我 只
yìqǐ yìqǐ hái jiāo le bù shǎo Zhōngguó péngyou de shíhou, wǒ zhǐ

会……，现在 我 能 跟 中国人……了。上 星期 去 动物园，我 认识了
huì xiànzài wǒ néng gēn Zhōngguórén le Shàng xīngqī qù dòngwùyuán, wǒ rènshile

一位 新 朋友，他……，可是 他 说 的 话 我 都……，我 真的 太 高兴 了！
yí wèi xīn péngyou, tā kěshì tā shuō de huà wǒ dōu wǒ zhēnde tài gāoxìng le!

回国 以后 我 想……，希望 找 一 个……的 工作。
Huíguó yǐhòu wǒ xiǎng xīwàng zhǎo yí gè de gōngzuò.

### 五、课堂活动 Activities

（一）朋友要回国了，你到机场送他／她，你们俩告别 Your friend is going back and you go to the airport to see him/her off. You two bid farewell there

（二）你给老师写一封邮件，说说你回国以前的心情 Write an email to your teacher about your feeling before leaving China

**图书在版编目(CIP)数据**

汉语十日通 . 听说 . 基础篇 / 别红樱主编 . — 北京:商务印书馆,2023

ISBN 978-7-100-23087-2

Ⅰ.①汉… Ⅱ.①别… Ⅲ.①汉语—听说教学—对外汉语教学—教材 Ⅳ.① H195.4

中国国家版本馆 CIP 数据核字(2023)第 183418 号

**汉语十日通**

**听说·基础篇**

别红樱 主编

商 务 印 书 馆 出 版
(北京王府井大街36号 邮政编码100710)
商 务 印 书 馆 发 行
北京中科印刷有限公司印刷
ISBN 978-7-100-23087-2

2023 年 11 月第 1 版 开本 889×1194 1/16
2023 年 11 月北京第 1 次印刷 印张 5¼

定价:79.00 元